허튼소리

1

걸레스님 중광 / 저

서음미디어

○70年代 미쳐 돌아가던 때의 重光
가사를 허리에 감고, 딸기코, 검은 브라자, 각시 가면, 런닝셔츠, 제멋대로 된 신발.(趙永姬 作)

달마상 (1980년 서음출판 소장)

重光自畵像
　좆을 머리와 어깨에 걸머지고, 무선전화도 머리에 이고. (趙永姬所藏)

重光의 童心像(Ⅰ)

詩　具　常
그림　重　光

눈덩이를 굴려서
숯부스러기를 붙인
애 얼굴,
게다가 배스듬한 코는
가랑잎,

꼬락서니는 저런데
실물보다 영절스러우니
그 아니 조화(造化)런가!

저 동자(童子) 얼굴이 모두에게
왜 이다지 낯익을까?
그야 그럴 수밖에는!

너도 나도 강보(襁褓)에서
엄마의 젖가슴에서
한번은 지녔던 모습,

나도 너도 그 언젠가는
그 언젠가는
되찾아야 할 모습이니까!

兀兀 (美 로이스 랭카스터 화가 所藏)

達　磨(1980年)

紋形항아리(1980年)

닭(現代詩學 10周年表紙. 全鳳健詩人所藏)

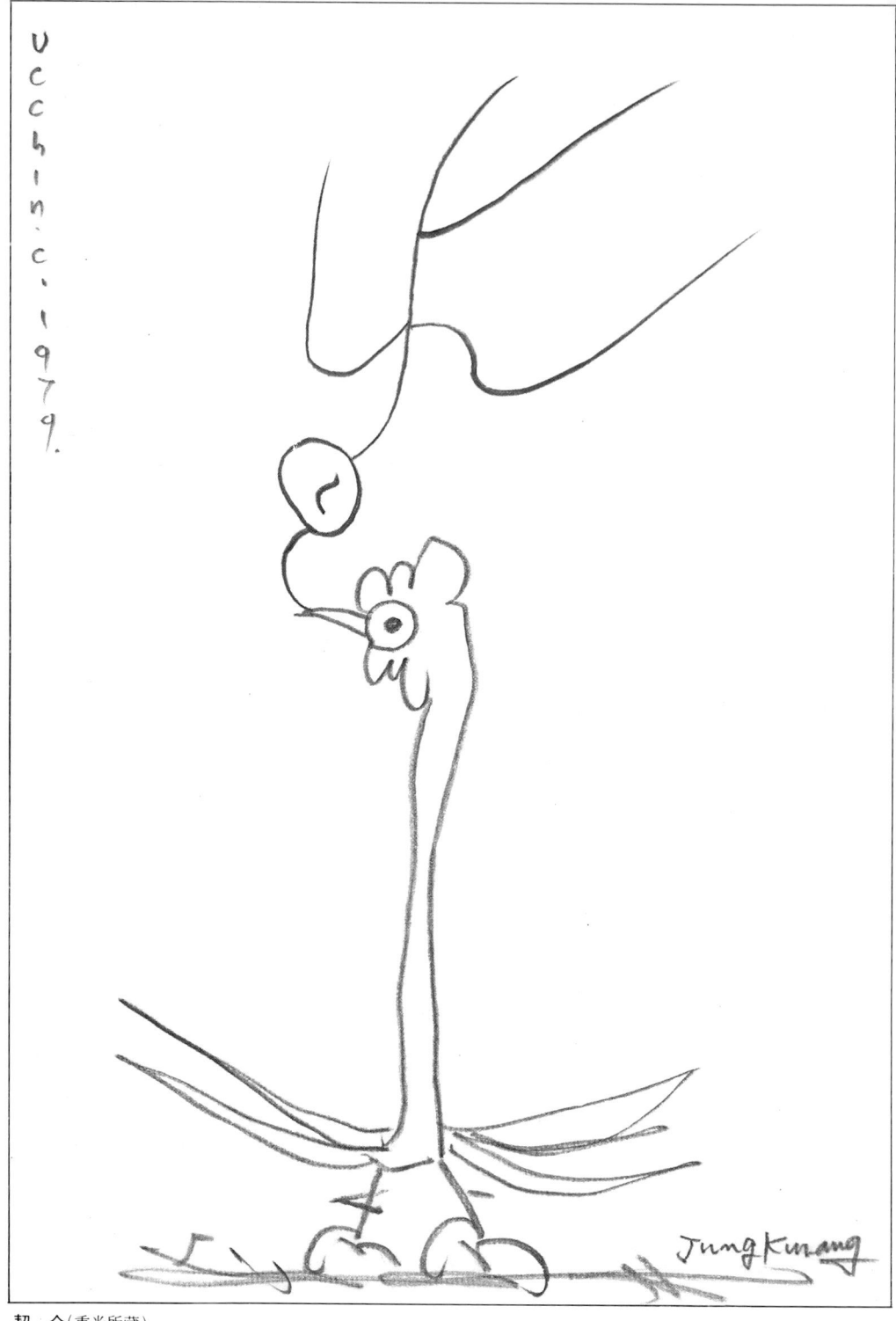

契 合（重光所藏）

妙　心（重光所藏）

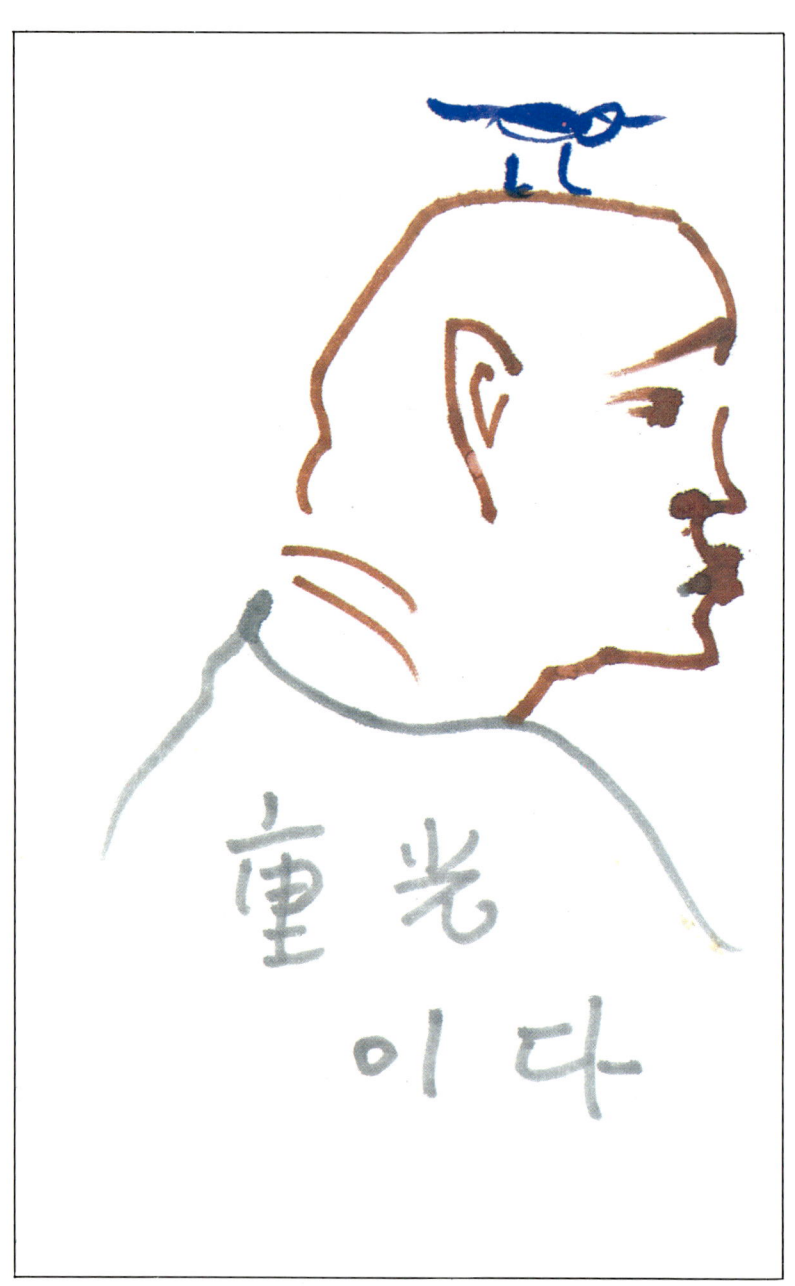

重光像(장욱진 화백作. 重光所藏)

(장욱진 화백作. 重光所藏)

妙　契(1980年)

花　心(1980年)

言前消息　70×68cm（1983年）

詞　詞　69×44cm

蜜月觸　70×46cm

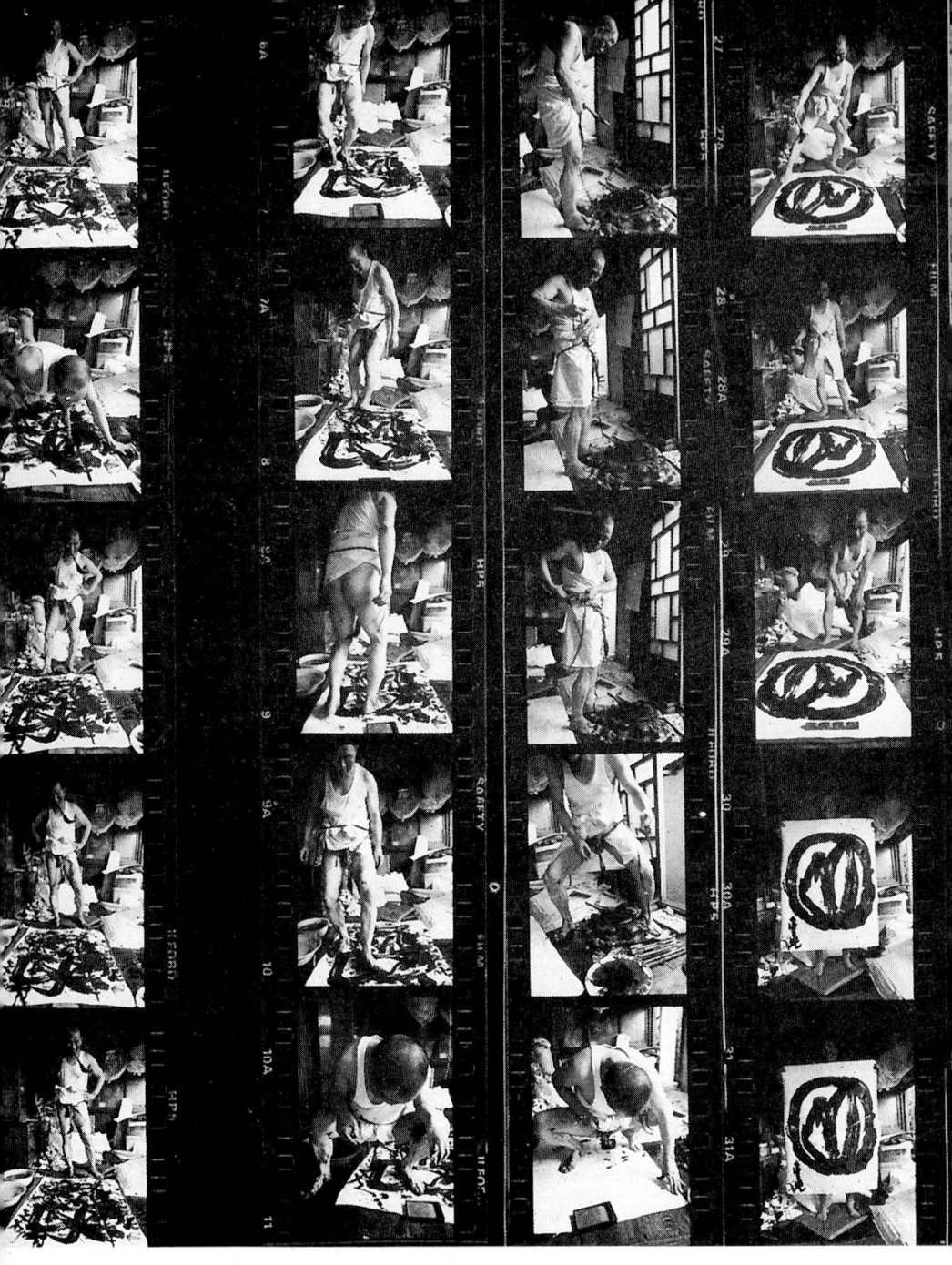

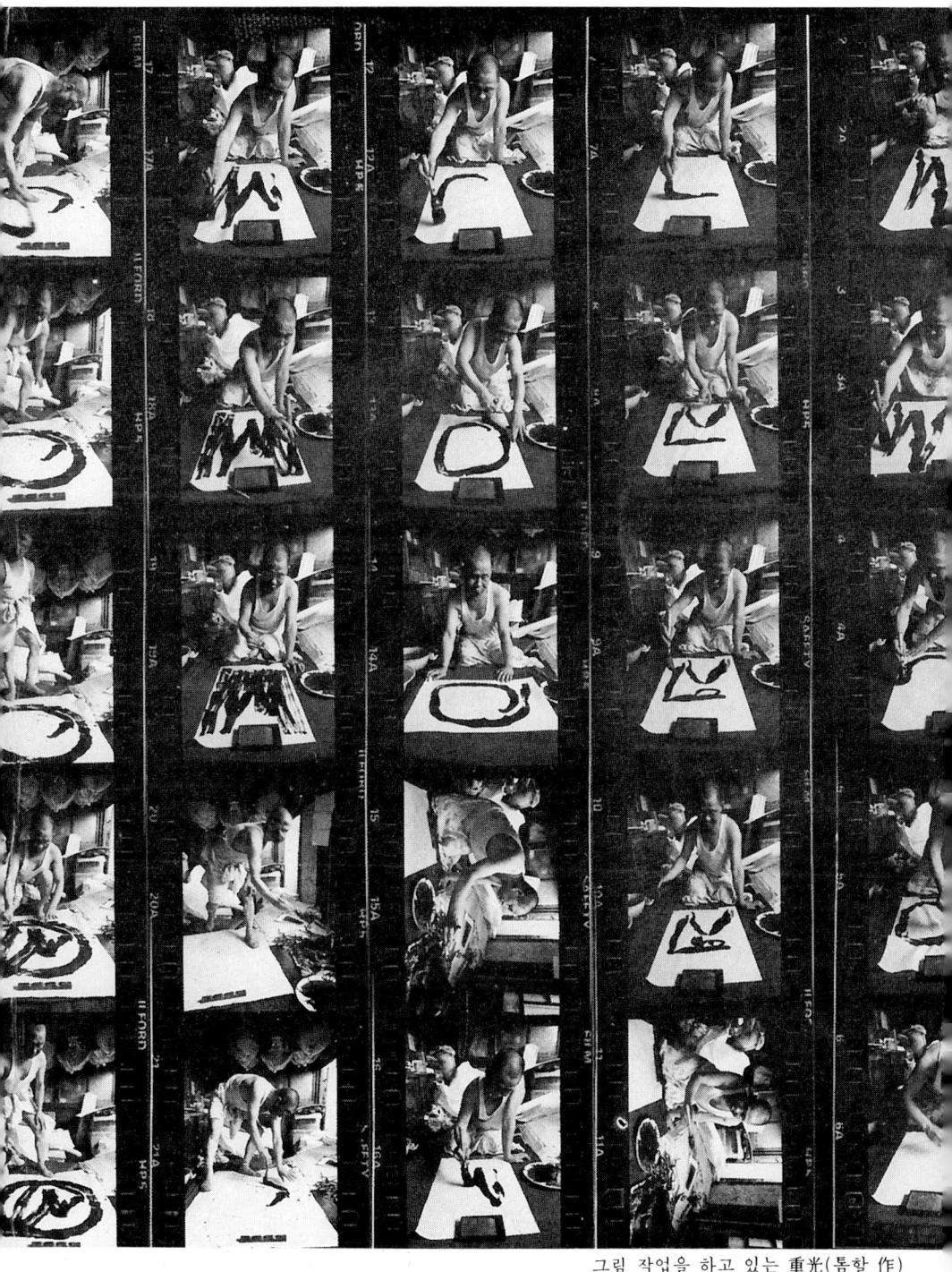

그림 작업을 하고 있는 重光(톰할 作)

예수님十字架(1984年)

영국 왕립아세아학회 초청시 그림 실기하는 重光(1978年 全炯國 作)

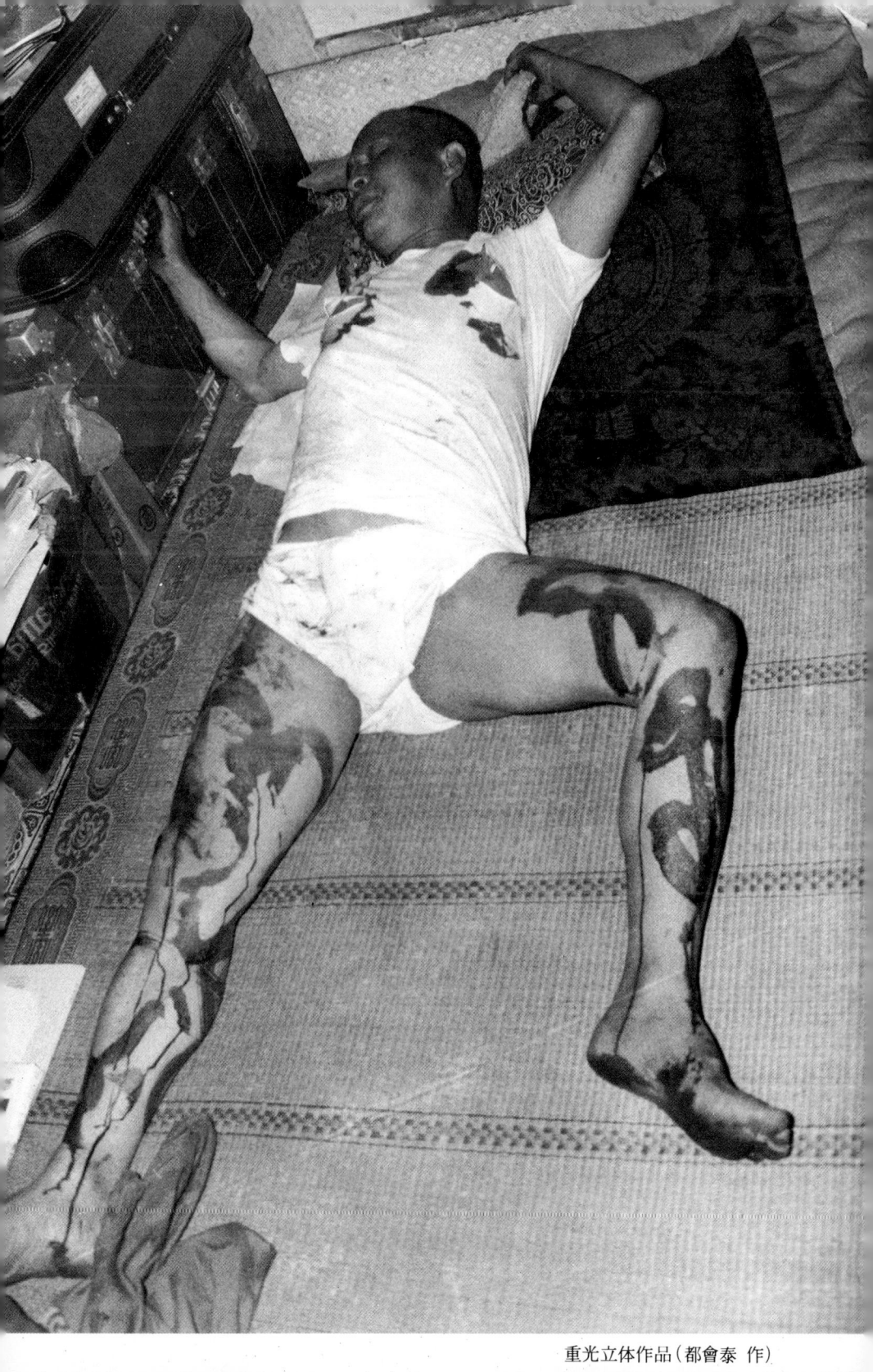

重光立体作品（都會泰 作）

詩낭송하고 있는 重光(都會泰 作)

詩낭송하고 있는 重光(都會泰 作)

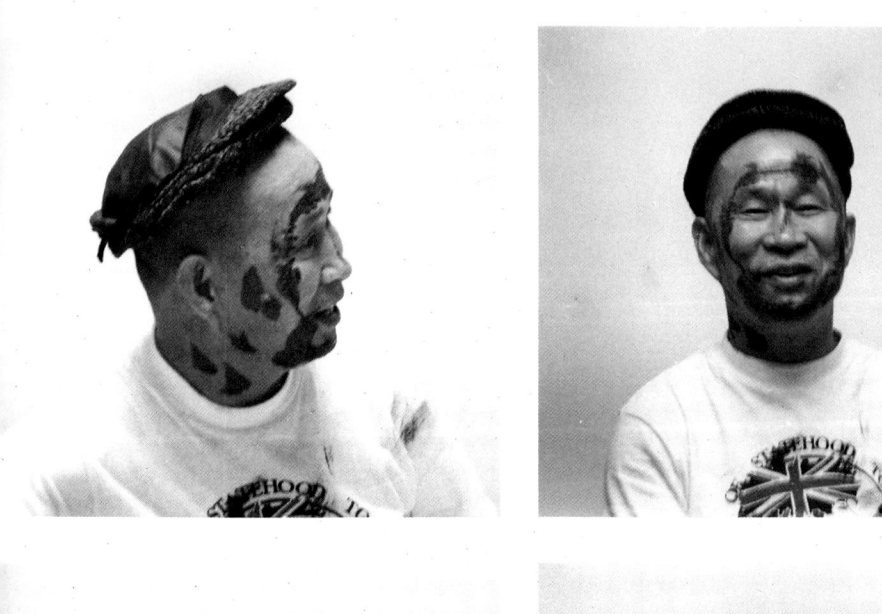
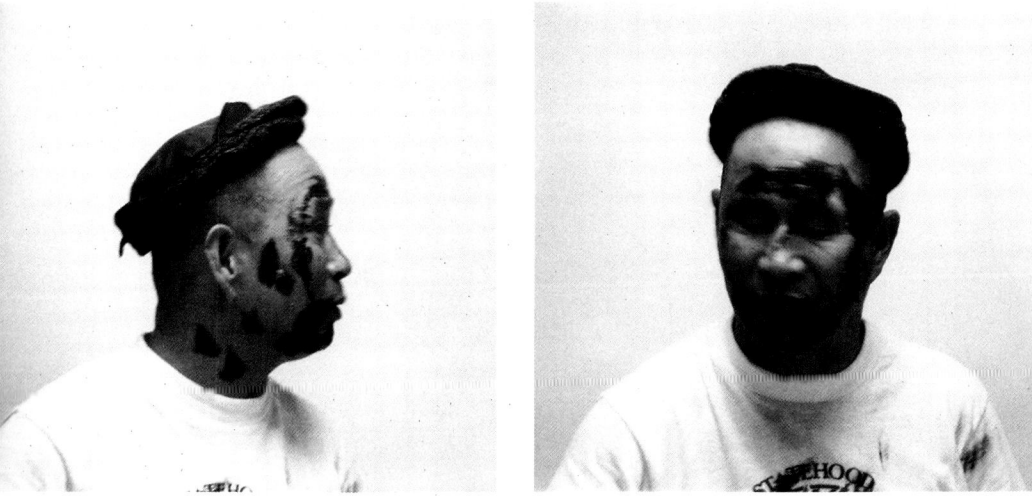
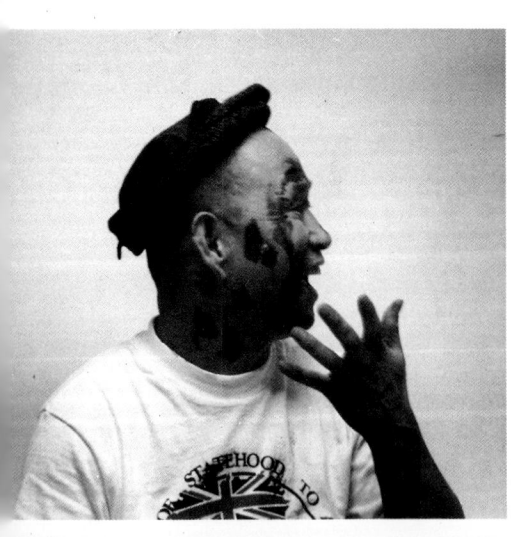
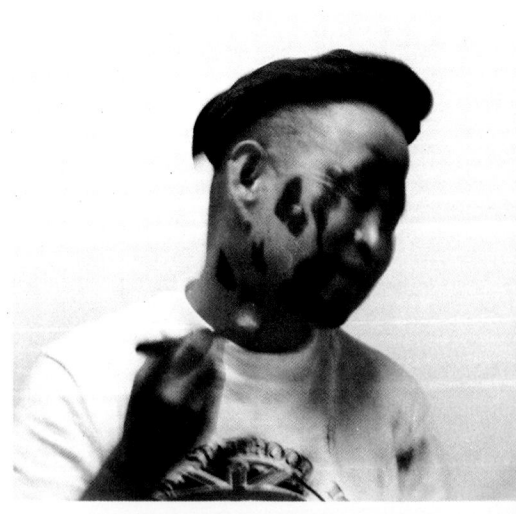

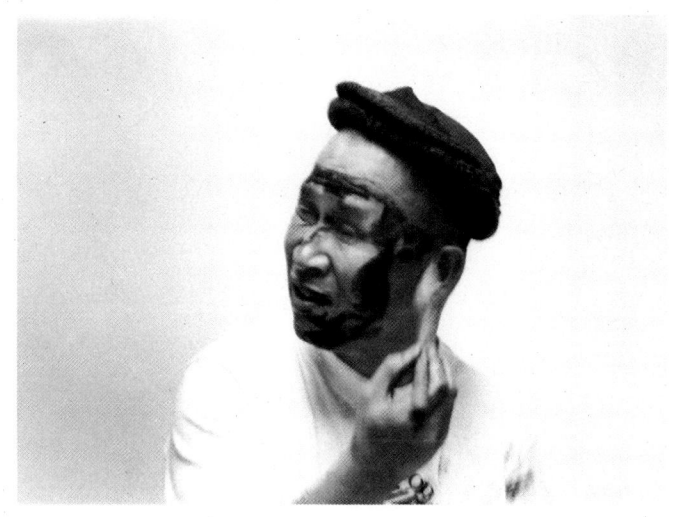

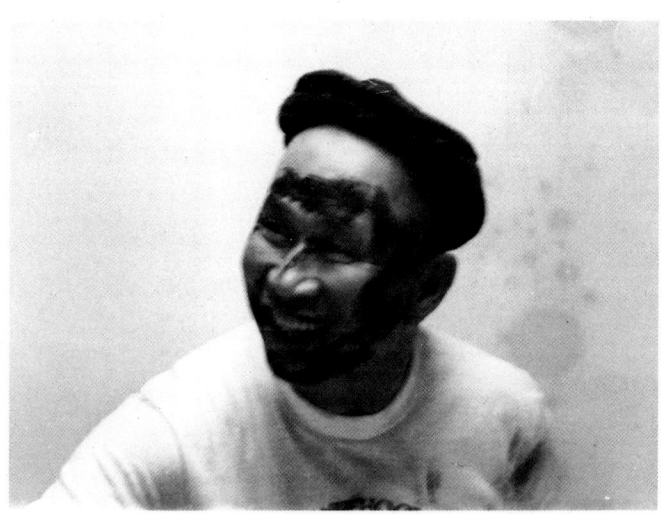

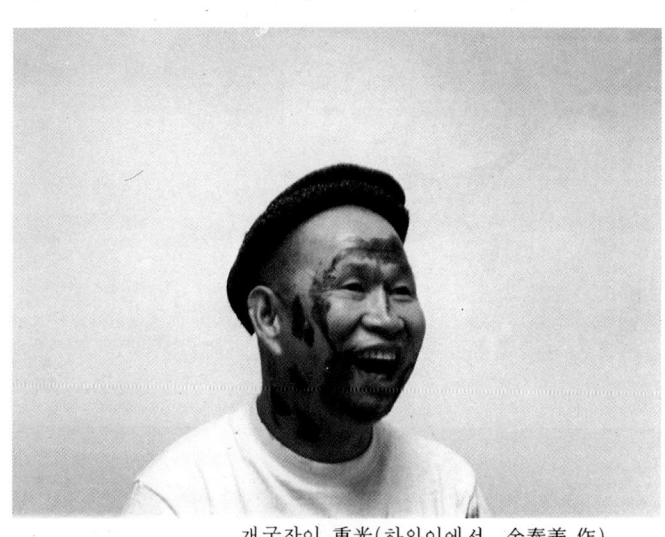

개구장이 重光(하와이에서. 金泰善 作)

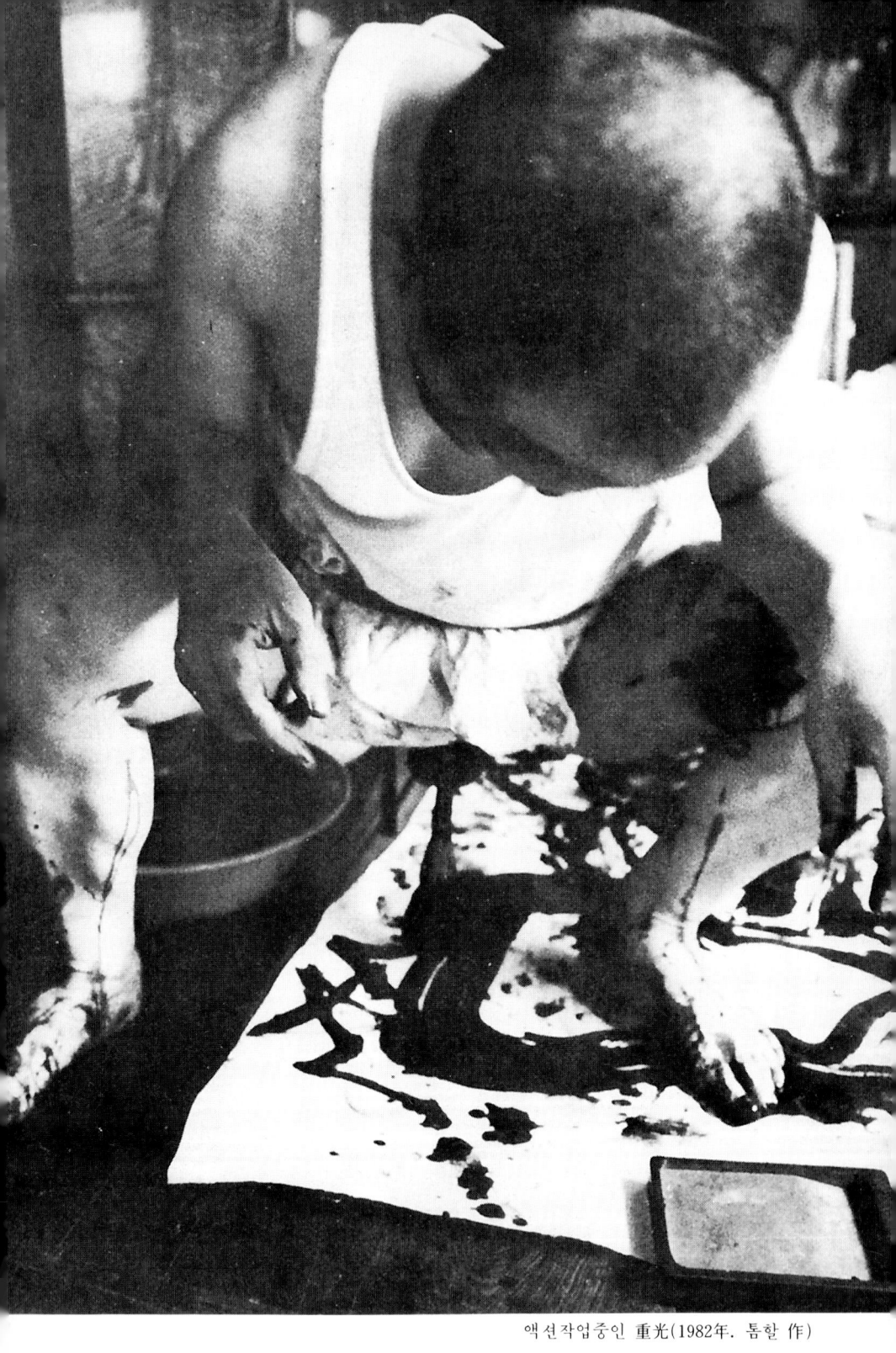
액션작업중인 重光(1982年. 톰할 作)

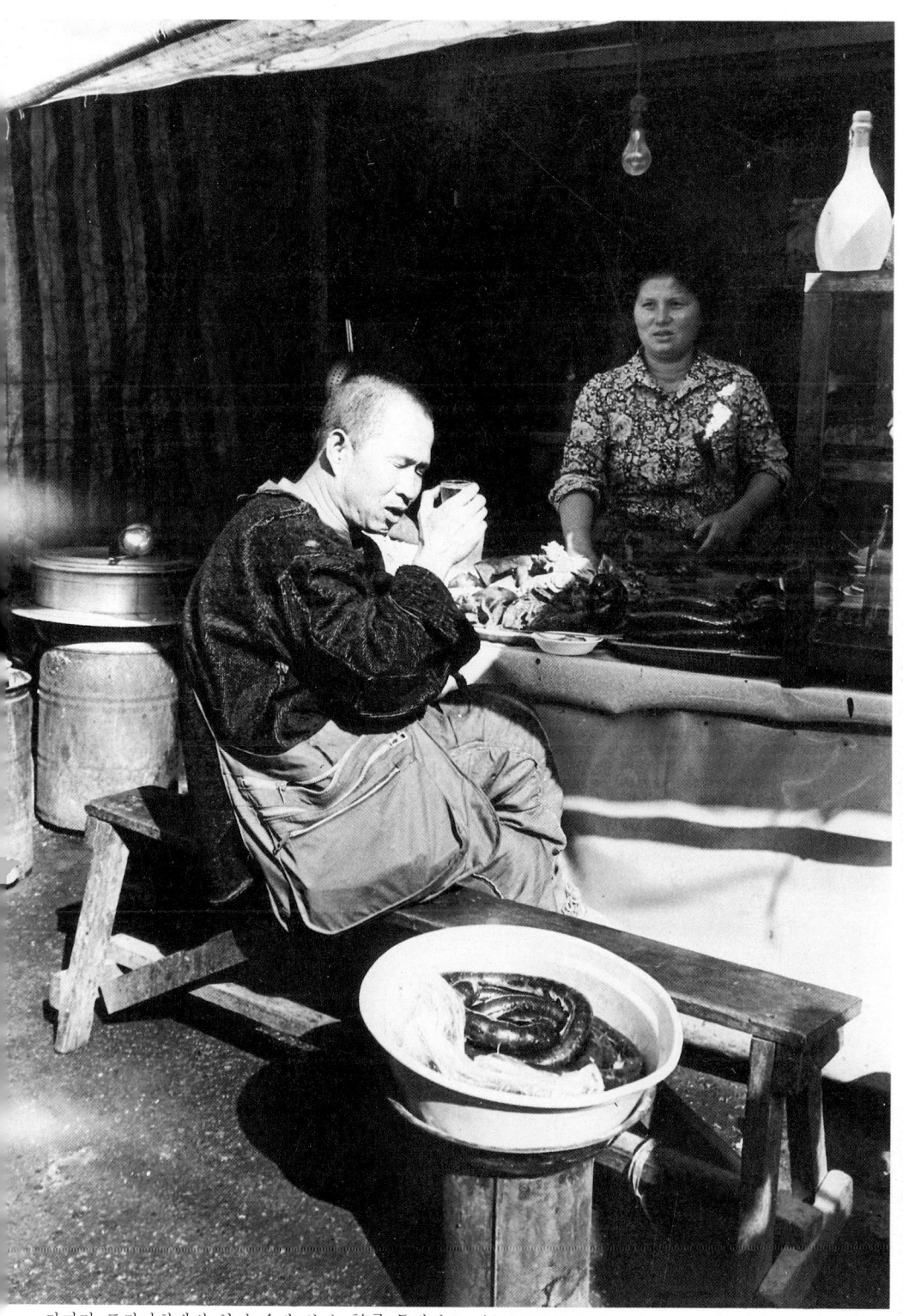

길거리 포장마차에서 한잔 술에 취해 詩를 독백하고 있는 重光(陸明心 作)

개구장이 모습을 하고 있는 重光(陸明心 作)

重光스님이 기거하고 있는 쓰레기방(金泰善 作)

序　詩

　　　　　　　　　　　　　　具　常 (시인)

겉도 안도 너덜 너덜
그 걸레로 이 세상 汚穢를
모조리 훔치겠다니 기가 차다
먹으로 휘갈겨 놓은 것은
달마의 뒷통수
어렵쇼 저 유치찬란
너를 和應하기란 실로 되다
하지만 내 삶의
허덕 허덕 마루턱에서
느닷없이 만난 恩寵 소낙비.

저자의 변

나는 사기를 한탕 쳐야 하겠다. 달콤한 사기를. 세상이 어찌 돌아가는 건지 허튼소리도 좀 하고 미쳐보아야겠다.
반은 미친 듯, 반은 성한 듯이, 그래서 나는 허(虛)와 실(實)의 열매를 동시에 따먹으며 산다. 깊은 원시림 속에서.
내 무애철학(無碍哲學)과 그림, 시, 글씨를 이 세상에서 그리 알아주는 사람이 없다. 그러나 죽고 나면 극락과 천당, 지옥, 이승과 저승에 가면 반드시 걸레스님의 무애철학과 그림과 시, 글씨에 대해서 물어본다는 것이다. 잘 알면 극락과 천당, 지옥과 이승, 저승을 마음대로 다닐 수 있는 멀티풀 여권을 받을 수 있다고 했다.
내 책을 보지 못하면 당신의 인생은 헛산 것이 될 것이다. 죽고 나서 후회스러워 말아라. 내 책을 보는 법은 우선 때 묻은 옷을 홀랑 벗어버려야 한다. 그렇다고 팬티 속옷까지 벗으란 말은 아니다. 마음을 텅텅 비워 두고, 아니면 완전히 옷을 입고 아침 창구멍에 햇살이 들어올 수 있는 작은 구멍만큼이라도 열어놓고 보아라. 아니면 책을 앞에 놓고 눈을 완전히 감고 보던지.
나는 욕을 못 들으면 엉덩이가 간질간질해진다. 독자 성자(聖者)님들이여, 나에게 욕도 소포로 싸서 잘 보내주시고.
나는 이 원고를 팔아서 돈이 나오면 펄쩍 펄쩍 뛰쳐나가려고 벌써부터 안달이다. 바다 원담 속에 숭어가 뛰듯 말이다.

첫째 원고료가 나오면 포장마차 집에 가서 소주 한잔하고 시 한수 읊고 나서 2차로 공주님 계신 기생집을 찾아 갈 것이다. 여러분들의 용서를 바란다.

나는 두 번 다시 태어난다는 보장이 없다. 다른 사람보다 더 부지런히 열배를 살아야 하겠다. 공부도 열배를 하고 따라서 사기를 한탕 치지 않을 수가 없다. 사기를 치지 않으면 이 세상을 살맛도 없다.

독자 聖者 여러분!

이 세상을 잘 헤엄쳐 가고 싶지 않습니까? 잘 헤엄쳐 가고 싶겠지요. 그 방법은 간단합니다. 지금은 말을 못하겠습니다. 너무 새벽이라서. 잘 사는 법의 답은 이 책 속에 깊이 잠들고 있습니다. 끝으로 미친 사람이지만 내 가슴 속에 지니고 다니는 좌우명이 하나 있습니다. 우리 민족에게 항시 발원하는 것입니다. 여러분! 무슨 말을 할 것 같습니까? 알아보십시오. 잠깐... 천당과 극락 자리가 많이 있으니 차를 급히 달리지 마십시오.

일제 36년간의 피압박, 비참한 동족상잔 6.25동란, 근세사에 큰 암적 존재였던 3선개헌탕국, 이 모든 과거를 잊어버리면 또 다시 과거와 같은 비참한 형벌을 받는다. 3선개헌탕국을 마구 다 같이 먹은 죄, 4천만이 다 공범자들이다. 다 책임지고 각성하는 민족이 되어야 한다.
나는 모든 일에 적극적이다. 내 자랑을 내가 하지 않으면 누가 해주나. 자신은 자신만이 가장 잘 안다. 이 소리는 내 손으로 최루탄을 내 집에, 내 눈에 터뜨려서 눈물이 나 정신이 왔다갔다 하는 소리들이다.
용서바란다.

걸레 重光

허튼소리 1

걸레스님 중광/저

차례
허튼소리 1권

중광 글·그림 ——————————— 33
저자의 변 ——————————————— 36

1 걸레스님의 허튼소리

허튼소리 1 ——————————————— 47
허튼소리 2 ——————————————— 48
허튼소리 3 ——————————————— 49
허튼소리 4 ——————————————— 50
허튼소리 5 ——————————————— 51
허튼소리 6 ——————————————— 53
허튼소리 7 ——————————————— 57
허튼소리 8 ——————————————— 60
허튼소리 9 ——————————————— 61
허튼소리 10 —————————————— 63
허튼소리 11 —————————————— 65
허튼소리 12 —————————————— 66
허튼소리 13 —————————————— 68
허튼소리 14 —————————————— 70
허튼소리 15 —————————————— 72
허튼소리 16 —————————————— 73
허튼소리 17 —————————————— 75
허튼소리 18 —————————————— 78
허튼소리 19 —————————————— 81

허튼소리 20 —————————— 82
허튼소리 21 —————————— 83
허튼소리 22 —————————— 84
허튼소리 23 —————————— 85
허튼소리 24 —————————— 87
허튼소리 25 —————————— 89
허튼소리 26 —————————— 91
허튼소리 27 —————————— 92
허튼소리 28 —————————— 95
허튼소리 29 —————————— 101
허튼소리 30 —————————— 102
허튼소리 31 —————————— 103
허튼소리 32 —————————— 104
허튼소리 33 —————————— 105
허튼소리 34 —————————— 107
허튼소리 35 —————————— 108
허튼소리 36 —————————— 114
허튼소리 37 —————————— 115
허튼소리 38 —————————— 116
허튼소리 39 —————————— 118
허튼소리 40 —————————— 119
허튼소리 41 —————————— 120
허튼소리 42 —————————— 122
허튼소리 43 —————————— 124
허튼소리 44 —————————— 125
허튼소리 45 —————————— 129
허튼소리 46 —————————— 130
허튼소리 47 —————————— 131

허튼소리 48 ──────────── 134
허튼소리 49 ──────────── 142
허튼소리 50 ──────────── 143
무제 1 ──────────────── 144
무제 2 ──────────────── 145
무제 3 ──────────────── 146
허튼소리 51 ──────────── 147
허튼소리 52 ──────────── 151
허튼소리 53 ──────────── 153
허튼소리 54 ──────────── 154
허튼소리 55 ──────────── 157
허튼소리 56 ──────────── 162
허튼소리 57 ──────────── 166
허튼소리 58 ──────────── 167
허튼소리 59 ──────────── 168
허튼소리 60 ──────────── 171
허튼소리 61 ──────────── 173
허튼소리 62 ──────────── 174
허튼소리 63 ──────────── 175
허튼소리 64 ──────────── 177
허튼소리 65 ──────────── 180
허튼소리 66 ──────────── 181
허튼소리 67 ──────────── 182
허튼소리 68 ──────────── 186
허튼소리 69 ──────────── 194
허튼소리 70 ──────────── 201
허튼소리 71 ──────────── 205
허튼소리 72 ──────────── 206

허튼소리 73 ——————————— 207
허튼소리 74 ——————————— 208
허튼소리 75 ——————————— 209
허튼소리 76 ——————————— 212
허튼소리 77 ——————————— 213
허튼소리 78 ——————————— 214
허튼소리 79 ——————————— 218
허튼소리 80 ——————————— 226
허튼소리 81 ——————————— 227
허튼소리 82 ——————————— 228
허튼소리 83 ——————————— 229
허튼소리 84 ——————————— 230
허튼소리 85 ——————————— 231
허튼소리 86 ——————————— 233
허튼소리 87 ——————————— 240
허튼소리 88 ——————————— 246
허튼소리 89 ——————————— 247
허튼소리 90 ——————————— 248
허튼소리 91 ——————————— 249

2 중광예술의 도그마
걸레 重光의 자화상(김정휴 스님) ——— 263
重光 그는 누구인가? ——————— 301
重光 —그 인간과 예술(루이스 랭카스터) - 323

1
걸레스님의 허튼소리

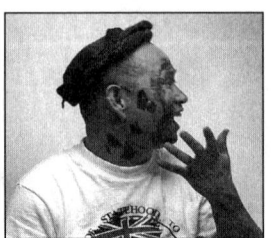

허튼소리 1

나는 사람이 아니다
나는 중이 아니다
더구나 예수교 불교
유교 회교도 아니다

나는 나를 믿는다
밑도 없고 끝도 없는 빈항아리

이것이 불교요
이것이 예수교요
이것이 회교요
이것이 유교요

속지 말아라
원숭이는 벌써 장사 지냈다.

허튼소리 2

불교는 석가의 혓바닥 사기에서
놀아난 가래 찌꺼기
예수교는 예수님 십자가에서
엘리엘리 피흘린 거짓 찌꺼기
유교는 공자님의 인내천 오륜에서
놀아난 모양 찌꺼기
무당은 박수님들이 토해 낸
춤추는 귀신 찌꺼기
진리는 큰 사기꾼들이 토해 낸
가래향 찌꺼기
나는 아버지와 어머님이 실컷 놀아난
인연의 열매
나도 멍멍 가갸거겨
너도 멍멍 가갸거겨

허튼소리 3

스님, 주소가 어디 있습니까?
저─흘러가는 구름보고 물어 보아라

스님, 죽은 후의 문제는 어떻게 생각하십니까?
나는 지금 인생을 부지런히 살고만 있다

스님, 공부 많이 하셔서 중생을 제도해 주셔야지요?
나는 중생을 본적이 없다

스님, 이 나라 운명은 어떻게 될 것 같습니까?
국민 각자가 자기 맡은바 의무와 최선을
다 하는 대로 된다.

허튼소리 4

한만춘 판사 자모님 49제를 지내 달라기에
서슴치 않고 대답을 했지
그리고 현금 2만원을 달라고 했지
마침 돈쓰고 싶은 일이 있어서
그리고 법상에 기어 올라갔지
밑천이라곤 뱃속에 똥뿐인데…
김혜윤 영가야!
이름을 불러놓고 할 말이 있어야지
갑자기 이미자 노래 생각이 떠오르더군
그래서 냅다 꽃피는 유달산아 꽃을 따던 처녀야!
신나게 불렀지
영가야!
내가 부른 노래는
영가가 부른 노래니라
속히 속히 일러라
주장자를 세 번 내려쳤더니
늙은 노송이 귀를 막고 돌아서간다
그래놓고 법상에서 내려왔더니
잿손님들이 쑥덕쑥덕하더군.

허튼소리 5

하늘 보고 가갸거겨
땅 보고 가갸거겨
사람 보고 가갸거겨
고양이 보고 가갸거겨
개 보고 가갸거겨
경전 보고 가갸거겨
똥 보고 가갸거겨
죽은 사람 보고 가갸거겨
강물 보고 가갸거겨
산에 올라 가갸거겨
소주 한잔 가갸거겨
물고기 보고 가갸거겨
나무 보고 가갸거겨
바람 보고 가갸거겨
허공 보고 가갸거겨
공자 보고 가갸거겨
예수 보고 가갸거겨
마호멧트 보고 가갸거겨
진리 보고 가갸거겨

진실 보고 가갸거겨
사기 보고 가갸거겨
부처 보고 가갸거겨
가갸거겨 보고 가갸거겨

허튼소리 6

불법이 무엇이뇨?
백정이 칼을 들어 소를 잡는 것이니라
그것은 파계가 아닙니까?
파계는 네가 했느니라
생명을 죽이는 것만 파계가 아니고
생명을 살리는 것도 파계니라.

노래여, 노래여, 나의 허튼소리 노래여!
곡도 없고 장단도 없고, 질서도 없는 노래여!
오늘도 틀리고 내일도 틀리는 나의 노래여!
사람은 물론 일체 만물이 다 성불되었어라.

간화선도 병이 있거니와 묵조선도 병이 있어라
하근기는 화두를 쫓아다니고
상근기는 화두를 먹어버려라
화두를 쫓아 찾아도 함정
화두를 놓아도 함정
여기에서는 어떻게 하겠느냐?
공부를 하되 참으로 공부를 아니할 줄 모르네

어리석은 사람은 공부를 하고
지혜 있는 사람은 공부를 아니 하고
지혜 있는 사람은 공부를 하되
공부를 아니할 줄 알더라.

나쁜 일을 해서 죄를 짓고 참회를 하면
구제길이 있어도 좋은 일, 좋은 말, 좋은 법,
좋은 사랑에 취해서
걸리면 참회 길도 없고
구제 길도, 생명 길도 없어라.

화두를 준다, 화두를 받는다
화두가 떡이냐, 화두가 과일이냐?
주거니 받거니 여기에 크게 어려움이 있어라
의심할 것이 없는데 의심을 배우다니
의심이 난 곳에 불만 살짝기 붙여 주거라
이것은 멀쩡한 사람 병신 만들어
원숭이가 되었더라.
견성은 참으로 쉬운 것이어라
탐 · 진 · 치 끊어지는 것이 아주 어려운 것이어라

탐·잔·치만 끊어지면 구름에 가려졌던 달
훤히 밝아온다
어떤 것이 불법이옵니까?
마른 똥막대기
안목이 열리면 법이 아닌 게 없어라
다 내 법이어라
내 속에 잠자고 있어라
너는 밥을 지을 줄 아느냐?
쌀을 잘 일러서 물을 적당히 맞추고
밥솥에 불을 잘 조절하여 때면
좋은 밥이 되어라.

이게 그대로 견성이오 법이다
공부가 따로 없어라
좋은 것과 깨끗한 것만
깊은 것만 취하려 하는 것은
병중에 가장 큰 병이어라.
불법이 무엇이뇨?
백정이 칼을 들어 소를 잡는 것이니라
그것은 살생하여 죄를 짓는 것이 아니옵니까?

소 잡은 사람은 살생한 것이 아니고
살생은 네가 했느니라
계에 취하면 계에 걸려 죽고
탐·진·치에 취하면 탐·진·치에 꼭 걸려 죽고
법에 취하면 법에 걸려 죽느니라.

생과 사는 무엇이옵니까?
산 사람은 숨이 떨어져 있었고
죽은 사람은 숨을 쉬고 있어라.

돈오가 점수요, 점수가 돈오요
알고 보면 돈오도 점수도 없어라
개는 달을 보면 멍멍 짖어도
사자는 펄쩍 뛰어 달을 물고 돌아온다.

저 소나무는 달도 사자도 다 먹어버렸어라.

허튼소리 7

집터가 원래 고르지 못한데 집터끼리 모여 앉아
쑥떡 쑥떡
남의 집 고양이가 우리 집 고기를 훔쳐 먹었는데
설사는 우리 고양이가 — 쑥떡쑥덕

공간이 100도쯤 꾸부려졌다.
백두산도 청량리 병원에 입원했다
쑥떡쑥떡

온통 쑥떡쑥떡
가도 쑥떡쑥떡
와도 쑥떡쑥떡
누워도 쑥떡쑥떡

하늘도, 땅도, 사람도, 눈물도
모여 앉아 쑥떡쑥떡

길가의 쓰레기도 담배꽁초도
똥벌거지도, 가래 벌거지도

모여 앉아 쑥떡쑥떡

말똥 소똥 개똥 닭똥 꿩똥
제비똥 참새똥 오리똥들도
모여 앉아 쑥떡쑥떡

참말도, 거짓말도, 헛소리도
공갈치는 소리도 꿈같은 소리도
당구장 소리도 다 모여 앉아 쑥떡쑥떡

고양이도 개도 닭 여우 호랑이
사자 원숭이 사슴 노루
산돼지 쥐 오소리 다람쥐들도
모여 앉아 쑥떡쑥떡

감나무 소나무 버드나무 뽕나무
대나무 사과나무 대추나무 참나무
배나무 앵두나무들도
모여 앉아 쑥떡쑥떡
오징어 잉어 상어 갈치 삼치

도미 민어 송어 장어 홍어
고등어 쏘가리들도
모여 앉아 쑥떡쑥떡

공기도 벼락도 구름도 번개도
별도 달도 비도 기후도 안개도
이슬도 폭풍도 바람도
모여 앉아 쑥떡쑥떡

바다도 강물도 시냇물도 우물도
똥물도 수돗물도 고인 물도 썩은 물도
맑은 물도 검정 물도
붉은 물도 파란물도
다 모여 앉아 쑥떡쑥떡

꽃냄새 된장찌개 냄새 지옥냄새
거짓말 냄새도
모여 앉아 쑥떡쑥떡.

허튼소리 8

우리 집 개는 불교를 믿고
우리 집 고양이는 예수를 믿고
우리 집 향나무는 유교를 믿고
우리 집 우물은 무당을 믿고
나도 가갸거겨 또 가갸거겨
너도 가갸거겨 또 가갸거겨

허튼소리 9

촌역전 변소간에 큰 것을 보러
급해서 쩔쩔매면서 뛰어들어 갔다

큰 것이 급해서 해결하고 보니
산꼭대기처럼 얼어붙은 똥무더기
그 꼭대기에 담배꽁초가 반갑게 꽂혀 있었다
그 꽁초를 반갑게 떼어 내어
담뱃불을 붙여 물었다
야! 이 담배 맛을 어찌 다 말로 하겠는가?

담배를 피우며 앞을 보니
앞을 보아라 앞을 보았다
뒤를 보아라 뒤를 보았다
옆을 보아라 옆을 보았다
왼쪽을 보아라 왼쪽을 보았다
오른쪽을 보아라 오른쪽을 보았다
천정을 보아라 천정을 보았다
보긴 무엇을 봐 이 머저리놈아!
천정에 무엇이 있겠나

아무것도 없다
어리석은 개는 말을 물고 가고
영특한 사자는 급한 똥만 싸고 간다

나는 가갸거겨
나는 가겨거겨

허튼소리 10

이놈아 중 옷을 벗어라
사람이란 생각을 벗어라
하늘에서 떨어지는 별들을
모조리 타작해서
화두 들고 지대방에서
걸망에 싸들고 들먹들먹
요철맛이 있다기에 혓바닥으로
음낭을 실컷 핥았더니
고리 고리한 냄새
밥을 먹으나
얼굴을 씻으나
잠을 자나
코끝에 꼭 따라 다니면서
코끝에서 산다
이 밤들도 속옷을 홀랑 벗고
천진한 밤들이 모여 앉아
야수들의 노래를 부른다
밤참을 먹는다
무엇인가 근사한 것 같다

그러나 아무것도 없다
사기다
나도 멍멍 너도 멍멍

허튼소리 11

울산 포교당 객실에 앉아 있는데
어떤 중놈이 대뜸 나에게
불법이 무엇이옵니까?
내가 답했다
백정이 칼을 들어 소를 잡는 것이니라
소를 잡는 것은 살생이 아니옵니까?
살생은 네 중놈이 했느니라
목숨을 죽이는 것만 살생이 아니고
목숨을 살리는 것도 살생이니라
그 말씀을 도저히 모르겠습니다
누가 그 말을 알라고 했나
그 알라는 마음을 방하착 놓아버려라
문밖으로 내다보아라
이 중놈아!
웬 반가운 소낙비 소리냐
밖으로 보는 순간
나는 뒤통수를 베개로 쳐버렸다
알겠는가 이놈아!
하늘이 배를 타고 간다

허튼소리 12

내가 돌아온 하늘아래
눈은 동태의 옷
귀는 소라껍질 옷
코는 불신의 옷
뜻은 접시의 옷
말은 비단의 옷
마음은 원숭이의 옷
혼은 적당한 魂은행에
저금해 놓고
옷들만 살아서
걸어 다니고 있다

내가 돌아온 하늘아래
겹겹이 입은 옷은
검은 옷 흰 옷
붉은 옷 노란 옷
파란 옷
도대체 알 수가 없다
양심을 발바닥에 적당하게 깔아놓고

옷끼리 서로 못 믿어서 좌충우돌이다.
나는 가가거겨
나는 가갸거겨

허튼소리 13

나는 중과 목사, 신부 입들을 모집하고
천당 극락에 팔러 간 적이 있다
천당 극락 당국자들 왈
 '17, 18, 19세기에는 착한 입들을 모집했지만
지금은 만원입니다'
'사절'
천당 극락도 지금은 발달되어서
21세기를 달리고 있다
그래서 지금은
지구를 팔아먹은 놈
진리를 팔아먹은 놈
허공을 팔아먹은 놈
민심을 팔아먹은 놈
선한 일을 팔아먹은 놈을
모집한다고 한다
그래서 나는
백방으로 이리저리 뛰었지만
한 사람도 없어서
나는 392

나는 392
나는 392

(392는 목포형무소에 있을 때 죄수번호)

허튼소리 14

나는 산이란 산은 다 데불고 앉아
나는 하늘이란 하늘은 다 데불고 앉아
물소리란 물소리는 다 데불고 앉아
새소리란 새소리는 다 데불고 앉아
산짐승이란 산짐승은 다 데불고 앉아
바람이란 바람은 다 데불고 앉아
즐거움이란 즐거움은 다 데불고 앉아
바위란 바위는 다 데불고 앉아
나는 나란 존재를 다 데불고 앉아
나는 왕이 되는 것이다.

산은 산을 먹고 살거라
하늘은 하늘을 먹고 살거라
물소리는 물소리를 먹고 살거라
새소리는 새소리를 먹고 살거라
산짐승은 산짐승을 먹고 살거라
바람은 바람을 먹고 살거라
즐거움은 즐거움을 먹고 살거라

신선은 신선을 먹고 살거라
바위는 바위를 먹고 살거라

나는 나를 먹고 살거라
이 비밀을 설악산 곰이 물고 도망을 가거라
도망가는 곰을 하늘이 따라가 빼앗아 가거라
내설악이 검다가 지친 푸른 물
설악산은 깊고 깊어라.

허튼소리 15

실컷 사랑도 못하고 가갸거겨
실컷 울지도 못하고 가갸거겨
실컷 미치지도 못하고 가갸거겨
실컷 죽지도 못하고 가갸거겨
실컷 살지도 못하고 가갸거겨

허튼소리 16

1983년 10월 나는 뉴욕 가는 길에
하와이 대원사에 들린 적이 있다

비행기에 내려 감로암에 전화를 걸었더니
우리 집 애견 종이
밤에 아들 딸 다섯 마리를
낳았다고 한다
나는 축하 전보를 쳤다
산모 애견종에게

나는 대원사 스님께 불공금 백불을 올리고
출산 아들 딸 강아지들이
무사하길 비는 불공을 올렸다

나는 축원 카드를 썼다
한국 주소와 감로암, 개 이름을 적고
부전스님께 카드를 올렸다

부전스님과 나는 정성을 들여

불공을 올렸다
부전스님이 불공을 올리고 난 다음
나에게 와서 웃음이 나와서
억지로 참았다고 한다
개 불공은 처음 올려 보았다는 것이다

나는 불공을 올리고 감로암 노스님께
개 불공을 올렸다고 전화를 드렸다
노스님도 대단히 기뻐하셨다
나는 4개월을 지내다 돌아와 보니
강아지들이 벌써 커서
복실 복실하게 놀고
집안은 평화가 넘치고 있었다
좋아서 죽겠다.

허튼소리 17

나는 용주사 선원에서 겨울 결제를 했다
음력 1월 20일경 해제하고
강원도 낙산사에 객으로 갔다

하루는 운송스님과 건봉사 주지스님
그리고 미친 중 셋이서 주지실에 앉아
겨울 동안에 일어난 이야기들을
꽃피우고 있는데
낙산사 고아원 원장님이 오시는 게 아닌가
원장님이 나를 보더니 반가워 절하면서
겨울 동안거 어디서 났습니까?
정중하게 묻기에
나도 정중하게 원장님 치마 속 수풀이 우거진
여자 용궁 속에서 따뜻하게 한철 잘 났습니다고
대답을 했겠다
아니나 다를까 청천에 불벼락이 떨어진다
대구입 같이 큰 입에 고래고래 호령이 떨어지고
부리부리한 왕방울 눈알이 실룩실룩
왔다갔다 지구가 꺼꾸러진다

나는 완전히 임자를 만난 것이다
나는 오금이 벌벌 떨리고
본산 주지 노장님 두분께서
손발이 닳도록 빌어보아도 별수 없었다

나는 사자인 줄 알고 돌을 마음 놓고 던졌는데
강원도 똥개에게 완전히 목덜미를 물리고 말았다

며칠 있다 나는 속초 파출소를 거쳐
원주지방법원까지 끌려 갔다왔다 했다
입 한번 잘못 놀렸다 참으로 혼줄 나게
내 물건이 다섯발이나 빠진 것이다
다른 스님들은 법문을 하면 보시 봉투도
통통히 받는다는데
나는 거꾸로 벌금 오만원을 물고 법원까지
왔다갔다 했으니 법문치고
비싼 법문이 되었다

이제는 가끔 만나면 돈 오만원 벌금만 내면
원장님 치마 속에서 한철 지낼 수

있습니까 없습니까?
이제는 원장님도 한바탕 웃고만다
하늘에서 달이 우물가에 내려와 물을 건지던 날
앞집 처녀가 뒷집 총각과
밀월을 즐기고 있었다.

허튼소리 18

개 혓바닥이 다섯발이나 빠지는
찌는 듯한 여름날 저녁
때는 1982년 8월 11일
성북동 보리수 주막집에서
앉아서 오줌 누는 여자 셋
서서 오줌 갈기는 잡놈이 셋
방은 큰 손바닥 만한 방안에
동글납작한 상 위에
소주, 맥주, 탁주, 안주란 놈 오징어가
드러누워 있었다

우리들은 소주 쥐약을 주거니 받거니
한참 들더니
코도 뱅뱅, 혓바닥도 뱅뱅, 지구도 뱅뱅,
하늘도 뱅뱅
고구마 찌는 솥에서 감자가 푹 익어
페루몬이 물신물신 익어가고 있었다

사자후 규사장의 명령이다

지금부터 이 방에 있는 파리부터 모기까지
속옷을 다 벗어
실오라기 하나 걸치지 못한다
걸레스님 세계토픽 발표한다
일제히 개처럼 엉금엉금 천천히 긴다
숫놈은 암놈의 궁둥이를 쳐다보고
혓바닥으로 핥아야 한다
개처럼 냄새를 맡아야 한다
꼭 개처럼
암놈은 반드시 숫놈 사타구니를 쳐다보면서
콩 두섬 춤추는 것과
옥수수 덜렁덜렁 춤추는 것을 보면서
빨면서 기어야 한다
우리들은 시큼시큼한 고리고리한
냄새를 맡아 가면서
강강술레 강강술레 탔네

20세기 문화, 문명, 예술, 예의, 도덕도
다 꺼꾸러져
개처럼 엉금엉금 기어다녔네

나는 이 방에서 원시 삼천리를 보았네
진리의 젖가슴을 보았네
지구가 지구와 같이
결혼하는 것을 보았네.

허튼소리 19

인간 결재는 이 세상에 태어날 때
어머니 뱃속에서 떨어진 것이 아니고
뱃속에서 양팔을 벌리고 뛰쳐나올 때
이 세상 태어난 것부터
직업을 가지고 결재한 것이지—

해제는 부처님 예수님 빽도 안된다
죽을 때 손을 번쩍 들어 깨끗이 항복하고
화장막 화통 속에 들어갈 때 해제지
별 똥싸는 재주가 있나

화통 속에서 마지막 법문을 남기고
내 몸 사대가 지·수·화·풍으로
다 돌아갔다

내 몸뚱이 태운 재 한줌도
못가지고 가노라
내가 오늘 죽고 오늘 태어났다.

허튼소리 20

허세는 허세를 쳐도 쳐도
진실은 꺼꾸러지고 꺼꾸러지고

강도는 강도를 쳐도 쳐도
평화는 꺼꾸러지고 꺼꾸러지고

불신은 불신을 쳐도 쳐도
믿음은 꺼꾸러지고 꺼꾸러지고

나는 가갸거겨
나는 가갸거겨

허튼소리 21

가시내야 어서 술 한잔 따르라
기갈이 난다
잔이 없거든 허공 잔을 들어라
안주가 없거든 물뼈를 추려내어
갈비를 구워라
여섯 일곱 살아 봐도 살아 봐도
길몽은 하나도 없고
각설이 살림살이도
소주 한잔에 밑바닥이 나고
흘러가는 구름은
흘러 흘러
임자가 없어 좋다.

허튼소리 22

내가 마지막 돌아갈 고향이로다
일 년에 한번쯤 못 보면 몸살이 난다
내설악 백담사 앞 시냇물 흐르는 물소리
조롱조롱
물속의 자갈돌 옥수섬섬
참 아름다움 이 땅에서 표할 말이 없어서
말을 못하고
물이 맑다가 지쳐서 검푸르다
검푸르다 지쳐서 설악산 돌아와서
다시 너무 차다
무더운 여름날 옷을 홀랑 벗고 뛰어들어
미친 물개처럼 놀고 싶어도
끝내 죄송해서 못 들어가고
물속에서 청산노루도 같이 놀고
산삼도 같이 놀고
白雲도 괴로운 세상만사 물속에
다 털털 털어두고 살더이다
내가 마지막 돌아갈 고향이로다
내가 마지막 돌아갈 고향이로다.

허튼소리 23

한국의 풍류중 하나는
포장마차 집에서
소주 한잔에
미더덕 된장찌개 맛

거리의 쪼다 머저리들
보궁 오리도
가보지 못한 신세
내가 장부라고 큰소리치지만
까만 것도 완전히 희다고
철저히 속여야 산다
세월은 잠자코 있지 않다

옛날 옛날 초가집에서
촉촉이 비오는 날
우는 아기 이 눈치 저 눈치
보아가면서
부인과 낮거리를 한다
초가집 지붕 처마 밑에서

뚝뚝 떨어지는 낙수물 소리
고향 꿈이 깊다.

허튼소리 24

첫째도 진실 열 번도 진실
백 번도 진실 죽어서도 진실
죽었다가 다시 살아나도 진실

흔히들 이 세상 사람들은
진실하면 못산다고
그것은 진실하게 살아보지 않은
사람들의 말이다

마음이 허공과 같아야 한다
잘 살려면 굶어 죽어도 잘살 것이다
이것이 참으로 잘산 것이다
죽어서도 죽지 않는 죽음이다

진실하게 이 세상을 살다보면
진실한 거짓말을 할 줄 안다
진실한 거짓말로 진실을 지켜 보아라

진실한 거짓말은 염라대왕도

인정이 있고 진실하니까
진실한 거짓말은 속아줄 줄 안다
진실한 거짓말은 진실을 위한 것이다.

허튼소리 25

까옥 까옥 까옥
까옥 까옥 까마귀소리
우리 집 모퉁이 오동나무 위에서
내려갔다 올라갔다 안절부절이다
하나, 아홉, 여덟, 셋, 다섯, 셋날
관보 두 장 물어다 던져두고는
까옥 까옥 목쉰 소리로 마구 울어 댄다
느닷없이 울어대는 까마귀 소리에
기후가 으스스하다.

관보를 펴서 보았더니 일면에
대문짝만한 청천에 벼락
불교재산 관리에
명령권 검사권 신설한다
듣기 귀한 어용 나리님들께
불교재산 관리의 명령권 검사권을
어렵게 신설할 게 아니라
불교 재산과 고추장, 된장, 상추도 같이 가져다
진상을 올리시지요.

비빔밥 만들어 입맛대로 잘 잡수시도록
하는 게 어떤지요
목탁 치던 스님네들 눈물 흘린다
나미타불 맴맴 관세음보살 맴맴
동에서도 맴맴
서에서도 맴맴

밤새 울던 까마귀도
어디론지 날아가며 까옥까옥
상투 없는 중대가리 잘도 주무른다
고추 먹고 맴맴 담배 먹고 맴맴
허물이야 스님들에게도 많고 많다
네 그릇이 크니 내 그릇이 크니
박이 터져라 싸우다 보니
밥그릇 밥은 늑대가 다 먹어버리고
빈 밥그릇만 가지고 싸우는 백곰 흑곰
잘도 한다 잘도 한다
언젠가는 빈 밥그릇도
다 뺏길 터이니
고추 먹고 맴맴 담배 먹고 맴맴.

허튼소리 26

나는 미국에 갔다 2년 만에 돌아와 보니
내 아들 노란 고양이 놈이
까만 고양이에게 중매 없이
장가를 들어 며느리를 보았다

밤에 보면 잠깐 왔다갔다 한다
아마 시간제 파트타임으로
만나는 것 같다
아무렇게 살아도 좋다
나는 만족한다
내 아들놈이 고자인 줄 알았는데

며느리는 문간 위에 시원하게
산모 방을 차려 놓고
아들 딸 손자 손녀 두 놈을 보았다

노스님은 어미 산모에게 미역국을 끓여다 주었다고 했다
나는 순조로운 산모 며느리에게 축하를 드린다
조영희 화가에게도 이 기쁜 소식을 알린다

허튼소리 27

스님 셋이 여행 중에 배가 고파서
역전 중국 식당에 들어갔다

나는 탕수육에 배갈을 시켰고
계고 나발이고 배가 고프니
먹어야 하겠다
한 스님은 우동을 주되
파고 고기고 다 넣치 말라고
주문을 했다

또 한 스님은 우동에 들어있는 것도
고기 국물이라고 우동을 깨끗한
물에 씻어서 먹었다

이쯤되면 안통한다 안통한다
내 소리도 개소리 짖는 것이다
다 먹고 나서 왜 식당에 들어왔는지
나는 물었다
탕수육, 술, 우동값은 종이 돈으로

드렸는데 어찌하여 돈에는
고기 냄새, 우동 냄새가 아니 나는가?
청천 벼락같은 기습을 했다
또 역시 한곳 뱃속으로
다 들어가는데

똥은 계를 파한 똥을 싸느냐
계를 지킨 똥을 싸느냐
또 물었다 또 물었다
계를 음식에서 찾느냐
부처님 말씀에서 찾느냐
나는 세 가지 문제를
도반들 바랑 속에 걸머지고 떠나게 되었다

도반들 셋이 서울에서 공부하고
친한 사이였다
한 놈은 부산 범어사로
또 한 놈은 강원도 봉정암으로
나는 동화사로 결재하러 떠나갔다
우리들은 헤어지기 위해서

서울 역전 중국 식당에서 헤프닝을 했다
역전은 헤어지고 만나는 곳이다
우리 수좌들의 멋 생활은 역전과 같다

떠나는 날 고기, 술 먹은 똥도
계를 파했다 하고
우동을 물로 깨끗이 씻어서 먹은 똥도
계를 파했다 하고
다음 우리들은 역전에
만나기로 했다
어찌된 소식이옵니까?

허튼소리 28

어느 날 젊은 수좌가 나를 찾아왔다.
"스님, 좆이 아파서 죽겠습니다."
"왜 좆이 아프다는 거야?"
"여자 생각이 나서 그렇습니다. 스님, 계를 파계하면 20년 수행한 보람이 나무아미타불이고 참자니 환장하겠습니다."
"그래 이놈아, 지금 몇 살이나 쳐먹었어."
"스물 다섯살입니다."
"그래 스물 다섯살을 입으로 먹었나? 세월로 먹었나?"
"똥구멍으로 먹었습니다. 저는 고아로 다섯살 때 출가했습니다."
"그렇다면 출가한 지 20년이구나. 네놈은 진짜 좆이 까지지 않은 진품이구나. 네놈 사정을 충분히 알만하구나. 나도 어릴 때 여자 생각이 나 못견디어 하루에도 열두번씩 용개질을 쳐댔지. 어릴 때 나는 얼마나 수줍음을 탔는지 여자 앞에만 가면 말 한마디 못하고 얼굴이 빨개져 혼자 애를 태우기만 했지. 끝내 사랑한다는 말 한마디 못한 채 열 다섯 되던 해에 집에서 기르던 암탉에게 첫 동정을 바쳤지. 왜 하필 닭과 연애를 했느냐 하면 집에서 흔히 볼 수 있는 것이 닭 씹하는 것이었지. 이쯤하면 알겠지.
나는 네 놈의 심정을 이해하다보니 별 좆같은 말을 하게 됐네. 요즘 땡중들은 입만 열면 계, 계 하는데 계란 걸 제대로 지켜보지도 못하고, 또 계 의식에서 참회를 해보지도 않고는 참 계를 지켰다고 거짓말을 하지. 진실한 계는 계를 파해보지 않고는 참다운 계를 깨달을 수 없는 거야. 계란 입으로 노래를 부르고, 몸으로 지킨다고 지켜지는 것이 아니야.

요즘 것들은 처음에는 계를 믿고, 다음에는 부정해서 들어가 파헤쳐서 계를 지키는 모험심이 전혀 없어. 계를 깨달으면 계를 파한 다음에 더 나아가서 계란 이름도 파해버리고, 즉 생활이 계가 되고 계가 생활이 되어야 하는 거야. 계를 지키기 위한 계 공부가 되어서는 아니되지. 계 공부 이전에 인간이 중요해. 귀중한 생명이 죽은 다음 계 찾는 것은 죽은 계와 같아. 그러니 너도 계 찾고, 법 찾고, 예의 도덕 찾고, 좆 잡고 울지 말고 20년 중질 했으니 벌써 계를 파해서 계를 시험해 보지 않고 공부했다는 것은 거짓말이야. 오늘부터 염치고 나발이고, 계고 부처고, 도인이고 도사고, 십계명이고, 간음이고 좆이고 마음에서 털어두고 눈을 찔끔 감고 좆이 빠지도록 씹이 물러 터지도록 실컷 해 보도록 해라. 그러면 답이 나올 것이다. 그때 답이 안 나오면 나올 때까지 술과 담배 속에 빠져 보아라.

노래 가락 속에서도 문제도 네가 가지고 있고, 답도 네가 가지고 있고, 공부도 네가 가지고 있고, 계도 네가 가지고 있고, 타락도 네가 가지고 있고, 도인(道人)도 네가 가지고 있고, 일체가 네가 해결해야 하느니라. 사회도 한가지다. 계는 생명이며 법이다. 계와 법을 안 지키는 사회는 불신과 불법과 타락과 허영만 성할 뿐이다. 계는 이렇게 중요한 것이다.
즉 계는 법이다. 참다운 계는 마음이나 행동을 꼭꼭 묶는 것이 계가 아니고 참 정신과 행동을 편안, 무구하게 정화시켜 주고 자연스럽게 질서 정연한 모습, 싱싱한 운동의 삶이며, 참 정신의 자유인이 되는 것이다.(보는 이로 하여금 편안하게 하라. 그러면 즐겁고 부담이 없다.)
우리나라 사람들 특히 수도하는 스님, 수녀, 신부, 비구니, 목사, 수도사, 법사들은 계를 옷으로 입고 있다. 계는 옷 입는 자의 혼이 되어야 한다. 그리고 옷이 되어야 한다. 계를 지키는 것만 계가 아니고 계를 파하는 것도 계이다. 어디든 국집하는 것은 계를 파하는 것이야.
오늘날 한국에 수도하는 사람들은 계를 잘 지키는 사람도 많이 있지만 간혹 일부 사람들 중에 편파적, 독선적으로 계를 파한 방탕으로 끝나는 일이 많이 있지. 크게 보면 계는 수행하는 자에게만 있는 것이 아니고 우주, 사회 속의 질서가 곧 계이니라.
있는 계는 질서와 법이요, 생명이다. 중놈이 와서 장가를 가느니 못 가느니, 연애를 하느니 못하느니, 고기를 먹느니 못 먹느니, 돈을 갖느니 못 갖느니, 법을 깨닫느니 못 깨닫느니, 계 이야기를 하다 보니 계에 대해서 일가견이나 있는 것처럼 나는 주책없이 허물만 늘어놓았는데 이만 주책을 부리지."
"어떤 것이 도에 들어갈 수 있는 계율입니까?"
"이놈아, 네놈의 자지를 여자에게 일주일만 임대해줘 봐라. 돈 받지 말고....끝으로 말하고 싶은 것은 자기 그릇에 맞게 지켜야 한다. 이것이 참 계를 지키는 것이 된다. 계는 생명이다. 완전한 건물 한 채를 놓고 비유하면 대들보, 기둥, 석가래, 문, 좋은 문, 좋은 공기, 좋은 땅, 주위 환경, 기후, 하수구 등 잘 갖추어야 좋은 주택이라 할 수 있다. 아무리 좋은 재료로 집을 지어도 나쁜 기와로 지붕을 덮으면 비가 새면 결국은 석가래부터 기둥까지 다 썩고 만다. 그리고 집을 지을 수 있는 터가 좋아야 한다. 여기서 말하는 터는 계를 지키는 자의 바탕이다. 바탕이 좋아야 하고, 바탕이 시원히 열려진 놈이라야 도(道)도 빨리 깨달을 수 있지. 이만 하겠다. 젊은 처녀 짧은 치마에 말 궁둥이 같이 몽실몽실한 게 좋고, 말도 몽실몽실 짧게 시원하게 하고 끝마치는 것이 좋겠다."

어떤 종교이든 계율이란 것이 있다. 불교에서 신도들에게 지켜지는 5가지 계율을 살펴본다.

① 어떤 생명이든지 생명 있는 것은 죽이지 말것

② 자기 물건이 아니면 남의 물건을 훔치거나 남의 물건을 탐내지 말것
③ 술을 먹지 말것. 술을 먹음으로 해서 다른 죄를 지을 가능성이 많고 머리가 나빠짐으로 먹지 말것
④ 망령된 말을 함부로 하지 말것
⑤ 삿된 사음을 하거나 마음에 사음을 하지 말것

어린 사미 스님이 지켜야 할 계율 10가지

① 생명 있는 것을 죽이지 말것
② 남의 물건을 도적질하지 말것
③ 남의 여자를 간음하지 말것
④ 고기를 먹지 말것
⑤ 술을 마시지 말것
⑥ 망령된 말을 하지 말것
⑦ 남을 헐뜯거나 일에 훼방을 하지 말것
⑧ 남의 허물을 말하지 말것
⑨ 거짓된 말이거나 거짓된 행위를 하지 말것
⑩ 삿되게 경전을 말하거나 삿된 생각을 놓고 자기 말을 하지 말것

예수교의 생명인 10가지 지켜야 할 십계명

① 다른 신을 섬기지 말것
② 우상을 섬기지 말것
③ 여호와의 이름을 망령되게 하지 말것
④ 안식일을 지킬 것
⑤ 효도할 것
⑥ 살인하지 말것
⑦ 간음하지 말것
⑧ 도둑질하지 말것
⑨ 거짓말하지 말것
⑩ 참하지 말것

허튼소리 29

종교란 인간을 떠나 있을 수 없고
생활을 떠나 공부란 있을 수 없고
공부란 用心을 떠나 있을 수 없고
用心을 떠나 진실을 찾을 수 없고.

허튼소리 30

긍지를 가지고 참으로 자기를
최대한 자랑할 줄 알아야 한다

자기를 아는 자는
자기보다 더 없다

아는 것은 알고
모르는 것은 분명히 모른다고 해라

이것이 진실한 겸손이다
지나친 겸손은 미덕이 아니라
위선이 가려 있다.

허튼소리 31

狂人은 자살을 하지 않으면 정상이 아니다.
최고도의 예술에 도달하면 이 세상 사람들이 도저히 상식으로 상상할 수 없는 행동과 말을 제멋대로 한다.
이 세상 사람들과는 도저히 화응을 못하기 때문에 홀로 고독하고 고독이 최고조로 처절하다. 그러므로 자살이 아니면 미쳐버리든지 한다.
이것은 천재들이 받는 고독의 형벌이다. 나는,

① 종교 집단에서 파계승이라고 쫓겨나고
② 예술에서 비전통적이라고 비방을 받고
③ 사회에서는 퇴폐풍조자라고 돌팔매를 받고
④ 사랑에는 처절하게 실패했고
⑤ 나는 이 사회의 완전한 실패작이다

예술가는 이 세상에 없는 것을 창조해 내어야 하고 최고조의 실패작을 만들어 내어야 그때 비로소 창작이 되는 것이다.
나는 마지막 실패작이란 책을 만들고 실패작으로 끝내려고 막 연극에 들어가려고 한다.
이 세상에서 내 스승이 있었다면 이름 없는 여자의 碑다.

허튼소리 32

옛날 옛날에 어떤 산골 부자집에
늙으신 부모님을 모시고
아들, 며느리, 손자, 손녀 거기다가
머슴, 개까지 여덟 식구가 살고 있었다

어느 날 아침에 아버지와 어머니가
밥상을 받고 앉아
아버지가 밥을 먹다 말고 벽을 가리키며
벽에 걸렸던 내 갓은 어디 갔소 하고 물었다
어머니가 밥을 먹다 말고 대답이
밥에 돌이 들었다고? 돌이 어디 있소.

아들이 옆방에서 부인과 같이
밥을 먹다 들으니
밥에 돌이 들었다 안 들었다 하는
소리가 들려 왔다
아들이 부인 보고
아버지 밥그릇에 돌이 든 모양인데
쌀을 어떻게 일었기에

남편의 말을 듣던 부인 대답이
내가 머슴하고 놀아났다고
어젯밤 머슴은 외박했는데.

머슴이 옆마루에서 밥을 먹다 들으니
머슴이 이렇고 저렇고 욕하는 소리같이 들려
머슴은 배알이나 제기랄 무더운 여름날
죽을둥 살둥 모르고 논밭 일을 했는데
무엇이 어떻다고 개새끼들
날벼락 맞을 놈들
주인 욕을 마구 퍼 댄다
개가 밖에서 밥을 먹다 들으니
자기 보고 욕하는 소리 같아서
개가 하는 말이
그저께 밤에 도적이 들어와도
모른척 하고 잠만 잤지
주인이 큰 도적놈 강도인데
좀도적놈 보고 입 아프게 짖으란 말이요
천만에.
나무관세음보살
나무관세음보살

허튼소리 33

허공을 허공으로 쳤더니
허공은 깔깔 웃고 있다

흰 구름은 제약산 깊은 골에 숨어
신선 닮았다
봄바람 부푼 가슴 18세
처녀 젖가슴 닮았다.

허튼소리 34

여자란 9 × 9 =50
50이 답이 안 나오면 영원한 수수께끼

9 × 9 =50 깨달으면
여자는 영원한 사랑의 신
하늘과 땅은 하나, 태양도.

허튼소리 35

걸레스님의 국제지옥 순례

나는 국제 지옥에서 초대받고 갔다 온 일이 있다

미국 지옥은 우주선 지옥

처음 미국 지옥에 들어가 보았다
미국 지옥은 지옥 하늘에 우주선을 띄워 놓고
사람들을 거꾸로 대롱대롱 매달아 고통을 주고 있었다
또 파란 눈동자를 모조리 빼어다
고추에 꿰어 매달려 있었다.
나는 지옥 관리들에게 죄명을 물어 보았다
미국 놈들은 세계를 정복하려는 야욕 때문에
우주선에 모조리 매달아 놓았다는 것이다
우주선 가지고 파란 눈동자로
세계를 훔쳐보는 죄 때문에
파란 눈동자를 모조리
베어 놓았다는 것이다.

일본 지옥은 원숭이 지옥

원숭이와 같이 넣어서 원숭이 조삼모사한 행동과
흉내 내는 원숭이 빨간 궁둥이를 거꾸로 걸어
불로 지지면서 고통을 받고 있었다
왜 하필이면 일본은 원숭이 지옥인가?
일본놈들은 간사하고 원숭이 같이 재주넘기 제일이요
선진 미국 남의 흉내를 내어서
자기 것처럼 속이는 죄 때문이라는 점이다
그리고 언젠가는 일어서려고
기회만 노리는 여우같은 놈들.

중국 지옥은 불알 지옥

중국 지옥은 여자를 눕혀 놓고
그 위에 불알들만 까다가 소복히
배 위에 쌓아 놓고 곰같은 놈들이라고 했다
나는 중국 지옥은
왜 불알들만 까다 싸놓았소 했더니

새끼들을 책임도 지지 못하면서 너무 많이 까놓아
세계 인구공해 책임을 물어
불알을 마구 까고 있다는 것이다.
어떤 때는 여자 음부 속에
불알을 처넣어서 숨을 못쉬게
고통을 주기도 했다.

아프리카 지옥은 좆지옥

아프리카 지옥에 들어가 보니 좆들을 마구 짤라다
대롱대롱 걸어놓고 있었다
좆털도 같은 죄를 받고 있었다
사실은 좆털은 억울하게 좆 옆에 있다가
날벼락을 맞은 격이다
나는 우주 지옥을 시찰한 적이 있는데
국제 지옥에서 더 볼만한 것이 많다
왜 하필이면 좆에서 냄새가 너무 많이 나는데
대롱대롱 걸어 놓았소
무책임하게 새끼들만 마구 까놓아

아이들을 굶겨 죽인 죄때문이라는 것이다.

소련 지옥은 까만 염통지옥

소련 지옥을 나는 조심조심 걸어 들어가 보았다
소련 지옥 하늘에 KAL비행기가 떠 있었다
염통들을 모조리 빼어다가 실로 꿰어
비행기에 대롱대롱 걸어 놓고
비행기가 알라스카와 소련 상공을
왔다갔다 하고 있었다
왜 하필이면 지옥에 KAL비행기입니까?
하고 물었더니
소련놈들이 KAL 비행기에 죄를 많이
지었다는 것이다
역사상 최대 죄 때문에 소련놈의
까만 염통을 모조리 꺼내다가
대롱대롱 걸어 놓고 고통을 준다는 것이다
그리고 이놈들은 도대체 철의 장막이라
오늘도 어떤 흉계를 부릴지

그래서 까만 염통을 모조리 줄에
걸어 놓았다는 것이다
염라대왕도 소련놈에게는
속고 놀란다는 것이다.

한국 지옥은 혓바닥 지옥

나는 한국 지옥에 최대의 관심을 가지고
조심조심 들어갔다
첫째 내 혓바닥이 들어올 자리가 있나
신경이 쓰였다
혓바닥들 하나 하나에
번호와 자리가 놓여져 있었다
지옥도 발달되어서 초특급 컴퓨터가 있었다
지옥 컴퓨터는 말로만 물어보거나
생각만 내어도 정확하게 나타났다
혓바닥 누워 있는 것, 서 있는 것
뭉개진 것, 오그라진 것
혓바닥이 날름날름 노리는 것

여러 스타일로 움직이고 있었다
그리고 보통 혓바닥보다 십 배나 큰 혓바닥을
마구 불로 지졌다 놓았다 하고 있었다
나는 한국 혓바닥 지옥에 크게 관심이 있어서
자세히 물어 보았다
여러 스타일로 고통 받는 혓바닥은
죄형에 따라 다르고
제일 큰 혓바닥은 한국의 근세사에
가장 큰 죄를 진 P처사 혓바닥이라는 것이다
나는 또 물어 보았다
큰 죄하면 뻔한 것 아니냐?
천년 죄인 지옥에서도 쉬쉬
삼선개헌탕, 보신탕을 마구 우려먹은
죄라는 것이다. 쉬쉬
그리고 한국 사람들은 혓바닥을
놀린 말의 책임을 질줄 모른다는 것이다
말과 행동이 일치 못한다는 것이다
예수님도 그렇게 말한다
알겠나 쉬쉬.....

허튼소리 36

젊은이들이여!
남녀간 애욕의 쾌락에 깊이 빠지지 말아라
애욕의 쾌락에 깊이 빠지면 죽음의 묘혈을 파는 것이니라
쾌락 쾌락 쾌락은 끝이 없는 것
쾌락이 끝나면 허망하다 허망하여라
허망하고 괴로운 번뇌만 따라 오고
괴로운 번뇌는 지혜의 종자를 마르게 한다.

불교의 진리에만 깊이 빠져버리면
진리 밖의 것을 모르고 참 불교를 모른다
예수교의 진리에만 깊이 빠져버리면
진리 밖의 것을 모르고 참 예수교를 모른다
유교의 진리에만 깊이 빠져버리면 진리
밖의 것을 모르고 참 유교를 모른다
자기에게 완전히 빠져 버리면 독선이 되어
참 자기 존재란 것을 발견할 수가 없다.
나는 나는 나는
가갸거겨 가갸거겨 가갸거겨

허튼소리 37

살결이 거무티티하고 몸뚱이는 큰 하마처럼
건강이 철철 넘치는
몸무게 3~4백 파운드쯤 되는 젊은 여인을
잘 사귀어서 단둘이서 옷을 홀랑 벗고
여자가 누으면 나는 다람쥐처럼
달랑 높은 히프 위에 올라앉으면
마치 높은 산봉우리에 앉은 기분이겠다
또 큰 섬처럼
두 섬의 우뚝 솟은 유방 틈으로
내 머리를 깊이 파묻으면
마치 깊은 산골짜기에 누운
황홀한 심정이겠다
또 그 여자 치마 속 밑에서
오줌을 갈기면 그 소리가
소낙비 쏟아지는 소리겠다.

허튼소리 38

명환스님과 나는 종로에서 영등포까지
택시를 타고 간다
택시 기사님 하시는 말씀 왈,
스님들 보아하니 얼굴들 멀쩡하니 잘들 났구려
왜 장가들 안가고 중질하시오?
명환스님 답 왈, 나는 장가 가기 싫어서.

기사님 다시 왈,
스님을 보아하니 건강하고
밑에 물건도 일품이겠는데

명환스님 답 왈,
나는 여자를 전연 모르오
연애는 한번도 못해 보았오
기사님 말씀 왈,
그러면 좋은 수가 있습니다
면도날로 스님 물건을 오려내어 옥파에
넣어서 볶아 먹어 버리지요.

차 안에는 폭소가 배꼽을 안고 터지고
택시도 덜컥덜컥 같이 따라 웃는다

다음은 기사님이 날 보고 왈,
스님은 여자를 먹어본 적이 있습니까?
나는 대답했다
여자가 없이는 못살아 못살아
기사님 말씀이 왈,
스님은 진짜 멋이 있구먼
기사님 말씀 왈,
스님은 하룻밤에 이불속에서
여자 운전을 얼마나 합니까?
내 답이 15, 16회는 올라탑니다 했더니
기사님 왈,
참새인가 보다 올라갔다 내려갔다 하게
또 택시 안이 대폭소다
택시 바퀴까지 허들허들 웃는다
나는 기사님께 팁을 많이 드리고 싶었다
마음을 즐겁게 하는 것은 큰 복중의 복입니다
감사합니다
인연이 있으면 다시 만나겠지요
지금도 그 기사님 만날 인연을
기다리면서.

허튼소리 39

가야산은 크게 슬퍼 했다
성역은 망치에 멍이 들고
적요산사 수도처는 귀를 막고
마을로 도망갈제
가야산은 크게 슬퍼 했다

홍류동 계곡에 노니는 선녀들은
마귀의 손에
백주에 강간을 당하고
무봉의 옷이
갈기갈기 찢길 때
가야산은 크게 슬퍼 했고
중들의 혼은
하산하고 있었다.

허튼소리 40

세상만사 얽힌 그물

위에 마을 터덜터덜
아래 마을 터덜터덜
동해 마을 터덜터덜
서해 마을 터덜터덜

땅 마음 터덜터덜
하늘 마음 터덜터덜
소변 마음 터덜터덜
대변 마음 터덜터덜

허튼소리 41

알로하오에 알로하오에 하와이여 안녕

망망한 태평양 한복판에 파랗게
꽃배처럼 떠다니는 섬나라
천국 하와이여, 한떨기 꽃이 떨어지기 전에
다시 오마 다시 오마
야자수 나무 허리 덩그러니 벗고 선
낭만의 여인, 머리 길게 치렁치렁
늘어뜨리고 선 낭만의 여인이여!

손가락 사이에 끼어 물고
내뿜는 담배연기 속에 가물가물 사라져 가는
노래여, 노래여
가락도 모르는 노래여
표할 길 없는 노래여

야자수 나무 아래 여인의 옆에서
강아지는 졸고 꿈은 깊은데
물가 까마귀들이 파란 바다 수평을
희롱하며 곡예의 춤과 노래 넘실넘실

와이키키 비치도 덩달아 같이 춤을
추자고 돌아간다 돌아간다

하나우마 베이비치 하나우마 베이비치
그 맑음 신령스럽게 비취빛이
옷이여, 맑음이여
그 백옥이 파도 부서지는 목소리여
온통 모래사장에 열대 야자수여!
얼굴 중 얼굴이여!

하나우마와 베이, 하나우마와 베이
영원한 신비의 꽃은 피고 지고
천국 알로하마 알로하마.

(하와이에서)

허튼소리 42

나는 상주 포교당 문을 두드렸다
백운납자 시절에
반가운 김정휴 도인이 나타났다
중광 도인이 나타났으니
상주 술상이 춤을 추겠다
정휴 도인 깔깔 웃는다
나는 정휴 원각도인과 같이
요정 풀밭에 들어가
꿀을 딴다
소주 한잔 주거니 받거니 밀거니
코도 뱅뱅
하늘도 오락가락

세 잡놈들은 포교당 소굴로 돌아왔다
정휴 도인이 발을 씻은 대야물로
나는 양치질을 했더니
정휴 도인이 좆도 빨겠구먼…

원각도인이 재빠르게 내입 법당에

무골장군 깊숙이 넣고 공양을 올리다가
눈을 지그시 감으며
지금 경계가 어떤가?

나는 머리만 꺼덕꺼덕
힘껏 빨다가
혓바닥으로 살살 핥아주니
아리랑 아리랑 고개로 넘어가면서
흰 피를 토하려는 순간
나는 살짝 물건을 깨물어 버렸다
돌연한 공격에 아야 아야
벌떡 장판에 나가 떨어졌다

내가 역습으로 지금 당신 경계가 어떻소?
좋은 것 속에 칼날이 잠자는 줄 미처 몰랐구려

만약에 여자 음부에 이빨이 있었더라면
이 지구상의 남자들 성기가 남아나지 않겠다.
하하하.

허튼소리 43

말은 말에서 망하고
칼은 칼에서 망하고
善은 善에서 망하고
칼로 허공을 쳐도 쳐도
칼은 꺼꾸러지고
허공은 눈만 껌뻑껌뻑.

허튼소리 44

49제 지낼 뻔한 해인사 장경각

김영환장군 영전에 우리들은 머리숙여 참배하라
그 분이 있었기에 조상의 얼, 호국의 국보
고려대장경이 건재해 있고
우리들은 오늘에도 볼 수 있는 것이다.

김영환장군님 영원히 영원히 고려대장경과
더불어 깊은 공덕 빛이 나리라.

자기의 목숨을 초개처럼 던져버리고
항명을 하면서 오직 불심과 호국심으로
팔만대장경을 살려 낸 수호신 김영환 영웅

1951년 12월 중순 경남 일대에 큰 눈이 내렸다
12월 18일 출격명령을 받고
김대령은 사천 비행장을 떠난다.
편대는 낙동강 물줄기를 따라 북상하다가
함안 상공에서 다시 기수를 북으로 돌려

합천 상공 800피트에서 모스키토와 만나
작전명령을 받는다.

당시 요기에는 박휘동 대위, 강호륜 대위, 서상준 중위
미공군 정찰기에 작전명령이 하달되었다.
아슬 아슬한 숨가쁜 순간이다.

현 위치로부터 북쪽 30키로 지점에
표고 1430미터 가야산이 위치하고 있었다.

가야산 동남쪽으로 산줄기와 산줄기 계곡 사이로
냇물이 흐르고 있었다.
이 계곡을 따라 올라가면 가야산 능선이 양쪽으로
갈라지는 곳에 삼태기 모양의 분지가 있다.

6. 25동란 때 남침한 괴뢰군들이
지리산 가야산까지 침범한다.
이때 유엔군과 우리 아군은 9월 16일
인천상륙작전으로 적군의 허리를 끊고 말았다.
이때 8만 패잔병들이 가야산과 지리산 속에 들어가

최후의 발악과 저항을 할 때 해인사 골짜기는 험악했다.
유엔군 작전 비행기는 해인사를 폭파하라!
속히 폭파하라! 명령은 계속되었다.
해인사에는 1천명 가까운 공비들이 집결해 있었다.

이때 편대기들은 각각 500파운드 폭탄 2개,
5톤 로키트 폭탄 6개, 캐리바50 기관총 1,800발을
장착하고 있었다.
김대령의 750파운드짜리 네이팜탄 하나면
해인사 본전은 물론이고 팔만대장경은 눈 깜짝 하는
사이에 잿더미가 될 운명에 놓여 있었다.

김대령은 해인사 골짜기를 급강하 하면서
돌아 나오고 돌아 나오며
끝내 폭탄을 투하하지 않았다.
최고도로 긴장된 순간들이었다.
관세음보살
관세음보살
관세음보살
그러나 김영환 대령은 인내와 지혜로서 목숨을 걸고

어머님의 불심에 감응하여
끝끝내 팔만대장경을 지켜 냈다.
아! 이 나라에 귀한 생명이 탄생한 것이다.
역사적인 인물이 탄생한 것이다.
김영환 대령님!
명복을 비나이다
명복을 비나이다.

허튼소리 45

라제통문 설천따라 굽이굽이
덕유산 백련사 가는 골 깊고 깊어
산이 좋아 물이 좋아 굽이굽이 구천동

세상만사 괴로움을 굽이굽이 털어 두고
한세상 덕유산 깊은 골에 묻혀 살며
하늘 가는 구름 보고 세월을 물어 본다.

허튼소리 46

삼소굴에 병든 사자가
法을 먹고 토할 줄 알더라

영축산은 상복을 갈아 입고
晩春은 어이 어이 슬퍼라.

(경봉스님께 보낸 글 1970년)

허튼소리 47

님은 가고 님은 가고 님은 가고
불러도 불러도 끝이 없는 메아리어라
님은 가고 님은 가고 님은 가고

가슴속에 불이 타도 타도 타는 마음
서로 주지도 받지도 못하여라
님은 가고 님은 가고 님은 가고

님이 가시는 길 부디 복되고 밝으소서
헤어지면 그립고 보고파서 애가 마르고
만나면 말을 못해 애가 마르고.

〈지 혜〉

어리석은 개는 달을 보고 짖어도
사자는 한번 번쩍 뛰면
달을 물고 온다.

〈배신자〉

참대나무는 참대나무인데
벚꽃이 피었다.

〈인 욕〉

나는 쓸개를 80개 가지고 있다
벌써 50개는 썩어 문드러졌고
나머지 30개는 죽을 운명에
인욕하면서 일 년에 하나씩 데어 던지며
마지막 하나는 죽어갈 때.

〈색을 삼가라〉

달콤한 여자의 깊은 숲 골짜기는
뛰어도 달려도 뛰어도 달려도
끝이 없어라 허공이어라.

〈말 밖의 말〉

밤이면 뿌리 없는 언어를 뒤지다가
낮이면 가없는 허공을 뒤지다가
떨어지는 별들을 바구니에 담아
동대문시장에 장보러 간다.

〈너무 탐심을 내지마라〉

호랑이는 가죽 때문에 죽어 가고
곰은 쓸개 때문에 죽어 가고
사슴은 뿔 때문에 죽어 가고
사람은 탐심 때문에 죽어 가고.

허튼소리 48

〈박혜련스님〉

박혜련 스님이 하루는 봉철 잡놈보고,
"이놈들 내가 살아있을 때는 먹을 것 다 처 먹고도
내가 죽었다고 하면 한 놈도 나타나지 않겠지
이놈 이 잡놈들!"

봉철 잡놈이 답 왈,
"박혜련 스님이 죽으면
송장 ×이 맛이 있다 하는데
×한번 파먹고는 내가 염불해 드리지요."
박혜련 스님은 박장대소하며,
"저 육실할 놈들 보래."
욕하며 깔깔 웃는다
다 늙어도 ×이라면 좋은가 보다
법당에 부처님도 빙그레 돌아앉아서 웃으신다.

〈월용스님〉

아무리 잘살아 보아도 다 순간 뿐이다
돌아서서 보아라 아무 것도 없다
마산 집에 암소갈비나 먹으러 가자
호주머니에서 돈이 마구 뛴다
암소 갈비집 아가씨가 아름답더라
갈비 한 대 먹고 걸림 없는 행동에
소주도 갈비도 덩달아 춤을 춘다.

놀 때는 어린이, 어른 가리지 않고 화끈하게 놀고
정진할 때는 화끈하게 끝내 주어야 한다
몸도 건강하거니와 건강관리 잘 하라는 소리
몸 관리 잘못하면 공부 못하는 사람이라
좋으신 말씀이다.

평생 얻어먹고 거지 생활을 많이 하면서
수행을 게을리 하지 않았다
문둥이 먹던 음식, 썩은 음식도 잘 끓여 먹으면서
고행도 했다.

먹는 것 가리지 않아 너무나 건강해서
오늘도 펄펄 생전 늙지 않을 것 같은 불굴이
수좌 개나리 보따리에 백운처럼
처처 안락처
오늘은 어느 하늘아래
홀로 고독하게 걸어가고 있을까?
월용도인 스님이여!
아무리 잘살아 보아도 순간뿐이다
돌아서서 보아라 아무 것도 없다.

〈만운스님〉

하늘 천리, 땅 천리, 이불속에서 천리 구름 잡고
바람을 손바닥에서 만들었다 거두었다
비도 만들었다 거두었다
풍운조화가 무궁무진 처처가 무애자재
안락처 만운당 선방은 꽃다운 여자 배 위가
선방이지요, 건강미가 철철 넘쳐
과부들이 오금을 못펴지요

한번 뛰었다면 끝을 보니까
요즈음은 멧돼지 70마리 제자 데리고
공부한다고 책 보는 데는 담을 쌓아도
참선 정진에는 깊이 들어가 한 소식 한 멧돼지 도인
오늘은 어느 하늘 아래서 돌고 있는지
어느 여자 공주님 운전하고 다니는지
만운당 돼지 제자를 86년까지 기르면
천 마리는 된다고
천 마리 돼지 훈련소 소장 한다고
돼지 훈련소를 만들어서 훈련을 철저히 시켜서
남북통일 원력을 세워
북진통일 시킬 병력을 만든다고
유머도 풍부하지요
부지런히 일하고 열심히 사는 생동감이
언제나 철철 넘치는 열성파
어디에 가든 의분심이 강해서
시비를 철저히 가려내야만 직성이 풀린다
만운당에게도 늙음이 다 있을 수 있을까
부럽기만 하다 우리들에게는....

〈법화스님〉

심심산천 노송 속에 자란 천년 학처럼
세월도 명예도 사랑도 다 불쏘시개 해
다 던져두고 세상 밖에서
창공을 나는 백학스님
하늘도 땅도 깊어라
불법도 거꾸러져라
불법도 거꾸러져라
金龍寺 골짜기의 지장암
20세기에 그렇게 깨끗하게 살고 간
우리들의 사표 도인 스님이시다.

〈봉주스님〉

태산부동 지구가 무너져도
눈만 껌벅껌벅할 모습
체구는 헤비급 중 헤비급
스타린 후궁 누가 지었기에 별명도 명별명

그 육중한 심중에 명석한 두뇌는
손자병법이 다 녹아난다
그리고 점잖다 그리고 시주물을 아끼며
돈 같은 것은 절대 낭비 없는 검소한 자에 속한다
해인사 주지 당시 문공부에서 장경각 대피소를 만들어
현 장경각판을 옮기려 하는 것을
목숨 걸고 결사적으로 현 장경각을 잘 보호한 장본인
그때 만일 장경각 뒤를 파헤쳐
장경각을 옮겼더라면 해인사는
성지가 완전히 파괴되어 오늘의 해인사를
찾지 못하고 해인사는 참모습이 없어졌을 것이다.

불교사에 길이 남을 불법 수호신
책임만 맡으면 철저하게 완수하는
실력 있고 성실한 분이시다
또 별명도 '동아일보'
전국 소식을 속속이 잘 안다
전국 방방곡곡에 참배 여행하며
고적 답사에 밝으시다.
행정, 여행, 참선을 겸비한 동진

출가해서 우리 불교계의 가장 큰 기둥감이다
저쪽에서 황소처럼 둠벅둠벅 힘 있게
걸어오는 모습 눈에 훤히 보인다
오! 육중한 몸, 밤에 절대 잠을 적게 자며
가만히 정진하는 모습이 훤하다.

〈명환스님〉

내가 제일 친하게 지낸 스님
미남인데 호남이지요
술 담배 좋아하고 여자라면 도사지요
어떤 여자도 바로 인사하고 보면
명환당이 벌써 그 여자를 먹어버렸지요
내가 항상 뒷전이지요
고집 한번 부리면 나무가 꺾이면 꺾이었지
버드나무처럼 휘어 넘어지지 않는다
병이 있다면 너무 인정이 있어서
어떤 일이든 부탁하면 해주고
자기 자신은 아끼지 않고

일 해주고 비난받는 일도 많았다
그러나 자기 위치는 분명하게 처신하는 스님
정열과 신심과 맵시로 뭉쳐진 불굴의 사내
어떤 일이든 손만 대었다 하면
물불을 가리지 않고 성공하고 마는 성공자
현재의 해인사, 송광사, 용주사 총림을 만들 때
주역 중 주역이었다
청담스님 모시고 이제는 그렇게 좋아하던
술·담배·여자 털털 털어 두고
바람처럼 난초화원을 만들어서
난초 속에서 부처도 조사도 만나 뵌다고
거기에다 흙속에서 찾는 멋
명환스님만이 아는 멋이다
공부는 참선방에서만 한다고 하는 것은
크게 착각이다
공부는 동중에서 정수 찾는
생동하는 살아 있는 참 공부 중 공부다
흙속에서 살다 흙속에서
죽을 수 있는 것을 깨달은 선지식
장차 유능한 종정이 잠을 자고 있다.

허튼소리 49

시간은 본래 없는 것
시와 비도 본래 없는 것
세월도 본래 없는 것
진리도 본래 없는 것
병원도 본래 없는 것
법도 본래 없는 것
나도 본래 없는 것
나도 가갸거겨
너도 가갸거겨

허튼소리 50

공간이 100도쯤 꾸부러졌다
해뜬날 장님이 등불을 들고 있다
하늘도 모여 앉아 하품을 한다
나는 가갸거겨
나는 가갸거겨

무제 1

가갸거겨 가갸거겨 가갸거겨
가갸거겨 가갸거겨 가갸거겨
가갸거겨 가갸거겨 가갸거겨
가갸거겨 가갸거겨 가갸거겨
가갸거겨 가갸거겨 가갸거겨

무제 2

각칵 콕콕 가갸거겨 칵칵콕콕
콕콕 칵칵 가갸거겨 칵칵콕콕
나냐 너녀 오냐가냐 칵칵콕콕
아야 아야 거기거기 오기오기
칵칵 칵칵 칵칵칵칵 콕콕콕콕

무제 3

야옹야옹 다옹다옹 가자가자
야옹야옹 다옹다옹 가자가자
살짝쿵 살짝쿵 살짝쿵 가자가자
야옹야옹 야옹야옹 야옹야옹
어서가자 어서가자 야옹야옹

허튼소리 51

우리 민족은 천륜도, 인륜도, 눈물도
피도 없었던가?
민족의 순수한 피와 혼, 혈연 앞에서
35년이란 세월을 정치 도구로 희생되다니
6. 25동란의 대비극은 언제까지 가려나?
지금은 휴전 종전이 아니라
이산가족 KBS 스튜디오 안에서
재회하는 모습들
너무도 비참하고 슬프고 감격의 눈물이
이 강산에 물바다를 이루었다
이 괴로움 그대로 눈을 차라리 감고 말지언정
만나는 모습 괴롭고 더 슬펐다.

평양에서 신의주에서 서울에서 부산에서
1천만 이산가족
지금부터 20년 지나면 저승 가서
KBS 스튜디오에서 만나랴
나는 공산주의도 민주주의도 다 싫다
오직 인도주의 부모 형제들을

빨리 만나고 싶다.
6. 25같은 대비극은 이 땅에 다시는 없어야지
네가 내 딸이구나 목이 메어 졸도하고
성도 모르는 혈육을 흉터로 확인하고
북의 가족을 생각하며 칠순 노인이 자살을 했다
아! 이 아픔, 이 피를 토하는 통곡
이 창자 끊어지는 단절.

이 가슴이 터져 죽겠구나
이 심장이 터져 죽겠구나
곽탐심 누님과 곽만영 동생은
영등포에서 헤어져 33년만에 만나
오누이가 부둥켜 안고 한없이 눈물을 흘리며
슬픔과 기쁨과 설움과 원통이 서린 통곡을 하며
대한민국 만세 대한민국 만세 대한민국 만세.

동생의 피를 토하는 절규
누님의 원통한 울음소리
이 광경을 보고 4천만
아니 운 사람이 없느니라

산촌초목도 하늘도 땅도 다 울었느니라
차라리 창자가 터져 죽었으면 좋겠다
차라리 죽는 게 낫겠다.

하늘이 터져라고 땅이 꺼져라고
외치는 피, 토하는 절규
누님 대한민국 만세
세세만세 만만세
KBS 만만세 만세 외치고
그는 그 자리에 쓰러지고 말았다
한이 없는 죽음이다
내가 울어서 35년
원한을 다 통곡할 수 있겠습니까?
내가 죽어가서 35년
이 원한을 다 풀 수가 있겠습니까?
우리 민족은 언제까지 얼마나 울고 통곡할 것인가?
남쪽 북쪽에 계신 우리 부모 형제들

우리는 싸우지 않고 우리 손으로
통일을 해야겠습니다.

이북에 계신 우리 부모형제들
두손 모아 안녕을 빕니다
남북통일이 되는 그날까지.

오늘도 설악산 청봉에 올라
해금강을 바라보며
하늘 한번 쳐다보고
땅 한번 굽어보고.

허튼소리 52

한 땡초 중은 관가에 가서
이놈을 잡아다가
개패듯 마구 패어 주옵소서 하고
불공을 드리며
알랑방귀를 꿔댄다
겉모양은 중이고
속은 늑대같은 땡초중들.

또 한 땡초중은 이놈을 잡아다
축 늘어지게 주리를 트니
죽어가는 소리 듣고 잘 한다 박수치고
기둥이 울리면 석가래 흙이
떨어지는 줄 모르는 치한들.

또 한 땡초중은 이 꼴을 보면서
세상이 무상하도다
염주 담주를 돌리며
강건너 불보듯
이놈이 죽으면 주지

한자리 비겠구나
이런 도철같은 땡초들

나무아미타불
나무아미타불
    주) 역사적인 천추의 불교 법란을 보고 같은 땡초중끼리 서로 잡아먹던 꼴이 슬프다. 이 법란은 간악한 몇몇 땡초 중들이 끌어들인 사건이었다.

허튼소리 53

나는 마흔 아홉 개띠
참사람을 본 적이 드물다
내가 참사람이 못되었기 때문이다
이래서 미쳐서 산다
세상을 내가 사는 것이다.

허튼소리 54

한국 불교는 무골충이냐?

옛날 옛날도 아닌 열 아홉 살 난 작은 손자와 여든살 잡수신 할머니와 열 살난 손녀와 스물 일곱살 난 큰 손자와 같이 삼각산 경성 서울에서 살고 있었느니라.

하루는 느닷없이 완전히 미친 귀신들이 쇠개다리 들고 쇠가죽 신발에 쇠모자 쓰고 아침 새벽 묘시쯤에 전국 부처님 궁전에 쳐들어 왔읍죠.

금년은 유별나게 추워서 개다리도 쇠모자도 가죽신발도 들어왔나 보죠. 그리 놀랠 것은 없죠.

코끼리교가 이 땅에 찾아온 지 1500년만에 처음 있는 큰 경사일 뿐이지요.
부처님! 우리 못난 제자들이 큰 죄를 지었습니다. 이 못난 불제자 때문에 부처님 궁전에 완전 쑥밭 꽃이 피었습니다.
이런 것을 보고 무법천지라고 합니까? 이게 말법이란 것이옵니까 우리들은 모르오니 가르쳐 주옵소서. 스님들을 빙서골에 잡아다

놓고 좆나게 신나게 개패듯 소패듯 창자가 터지도록 패다니.
이게 웬 사랑이옵니까?
스님들이 죄를 지으면 얼마나 지었겠습니까? 스님은 뼈가 없는 무골충 모양으로 살아야만 합니까? 스님들은 벙어리 모양으로 입을 꿰매고 똥 오줌 구멍도 막고 살란 말입니까?
왜 당신들은 참으로 인간을 모릅니까? 눈물도 피도 사랑도 용서도 아름다움도 여유도 유머도 다 말라 버렸습니까? 당신들은 짐승입니까?
미친 춤을 춘 당신들은 스스로 자기를 때리고 스스로 자기 매를 맞는 것을 아는지 모르는지 눈을 떠도 멀리 떠서 그 다음은 마음의 눈을 떠서 먼 장래를 살펴보아라.
눈 앞만 보지 말고 양철같이 가볍게 살지말고. 큰일났다, 이 나라 장래가 암담하다. 암담하다.

조계종 불교가 수백억원을 부정하고 썩을대로 썩었다고 말들도 많다. 이 착한 죄는 누가 받고, 누가 책임을 질것이옵니까?
이 땅에 누가 불신을 심었습니까? 이 불신을 누가 받습니까? 이 모두가 우리 부모 형제 자매들에게 불신의 무서운 불덩어리가 떨어집니다.
불신 덩어리 불꽃이 우리 자신들을 죽이는 것을 왜 모릅니까?

이런 행동은 어느 누가 했든 이 땅에 있었다는 그 자체가 부끄럽고 불행한 일입니다.
일제하의 그 말살적인 정책 속에도 찾아볼 수 없었던 치가 떨리는 불교의 이 대법란이 죽어간들 편히 눈감고 죽겠는가?
이것이 쌓이고 쌓이면 불행과 도탄에 빠져 원한 속에 살 뿐입니다. 내가 말하고 싶은 것이 있다면 나는 하늘에서 떨어진 사람도 아닙니다. 땅속에서 솟아난 사람도 아닙니다. 엄연히 대한민국 땅에서 태어난 당신들의 부모 형제자매들입니다.
우리가 서로 사랑하지 않으면 누가 사랑해줍니까? 누가 우리를 불쌍하다고 도와 주겠습니까?
슬프도다 슬프도다!!
정말로 정신차려야 합니다.

허튼소리 55

내일 비가 오겠습니까? 안오겠습니까? 요즘 한국의 기후가 어떻습니까?

〈서울개〉

우리 집에 좋은 종자 서울 개 한 마리를 키웠는데 작은 도둑놈이나 좀강도가 오면 잠만 자고 모른척하다가 얼굴이 말끔하고 잘난 사람 스타일이나, 장군 스타일이나, 문어발 경제 질서 파괴 두목 같은 스타일 사람이 오면 사정없이 씹어 물어버린다.
나는 생각도 못하는 일, 정말로 골칫거리였다. 왜? 그런 짓을 하느냐고 개 보고 물어보았다.
지능껏 합법적으로 강도를 앞장 세우고 강도인 줄 알면서 아부하며 이 나라를 좀먹는 매국노 같은 경제인들이 이 땅에 득실거립니다. 그래서 저는 그런 것을 무는 연구를 했습니다.

〈경기도 개〉

옆에 있던 경기도 친구 개가 서울 개 말을 듣고 당신은 무슨 충성으로 그런 짓을 하오. 주인이 주는 밥이나 먹고 가만히 집이나 지킬 일이지 당신이 충성이 지나치고 권력층 눈에 걸리면 결국은 보신탕 희생물이 될 거요.
이 말을 듣던 친구 개의 대답이 나는 개장국이 되어도 좋소. 내 직성에 모리배 같은 놈을 보고는 그대로 못참으니까 죽어도 좋소.

〈전라도 개〉

또 옆에 있던 전라도 친구 개가 그 말을 조심 조심히 듣더니 여보, 어리석은 소리들 작작들 하고 호랑이 담배 먹던 시절 꿈꾸는 소리 마오. 이 강산이 다 벌써 염통이 시커먼 놈들에게 강도를 맞았는데 처처에 강도들만 득실거리고 강도법이 통하는 세상, 강도가 어찌 강도를 잡으란 말이요.

〈제주도 개〉

또 제주도 개가 이 말을 심각하게 듣더니 그러면 강도가 밤낮없이 설쳐대는데 없는 서민은 어떻게 살란 말입니까?

〈경상도 개〉

대뜸 경상도 개가 하는 말이 날카롭다. 강도, 절도 잡는 길은 헌법을 삼선탕, 유신탕, 보신탕, 아구탕국을 만들어 민주를 비빔밥 만들고 백성을 우롱한 놈들은 무덤을 파서라도 중벌로 능지처참하고 작은 강도, 작은 절도, 작은 사기 같은 것은 정직하면 자연히 소멸하는 것이다.
강도, 절도, 사기, 권모술수들이 헌법 뿌리에 깊이 박혀 있는데 뿌리를 캐내지 않고 어찌 강도, 절도, 부정축재하는 정상배 놈들을 잡아내란 말이요. 이 나라가 정상적으로 바르게 제도해 갈려면 적어도 백년은 걸릴 것이다. 이것도 정신 차리고 우리 모두가 진심으로 과거를 참회해야 될까 말까다.
큰일났소, 큰일났소, 이웃 일본은 세계 경제대국, 군사대국, 문화대국, 선진대국, 대국, 대국, 대국 하는데 한국인들은 완전히 바른 정신이 타락되었다. 우리부터라도 정신을 차리자.

〈충청도 개〉

충청도 개가 옆에 있다 말을 거든다. 안심하고 믿고 살만한 곳 없어 우리가 생명처럼 믿어야 할 은행말입니다. 요즘 은행은 돈 도적

놈들이 모여들어 돈을 만지니 돈이 잘 돌 턱이 있겠오. 돈 도적 귀신들이 검은 손 큰손들만 모여서 왔다갔다 공중에서 얼굴도 목도 없는 귀신형체 손만 왔다갔다 하는 망신들만 이 땅에 득실득실. 경제사범 사형까지 해라. 돈 죽이고, 사람 죽이고, 경제질서 죽이고, 법 죽이고, 민심 죽이고 불신들만 처처에 살아 돌아다닌다. 우리네는 누구를 믿고 살란 말이오. 도적놈들!

〈부산 개〉

부산 개가 이 말을 종합적으로 듣더니 누구누구 탓할 것이 아니라 다 우리 개들에게 책임이 있습니다. 우리 개들 전체가 정직하고 성실하고 자기 설 자리에 서서 자기 맡은바 책임을 다하고 제 혼을 똑바로 찾고 우리 개들이 입만 벌리면 민주주의를 찾고 있지만 민주주의는 정직하고 성실하고 자기 맡은바 책임을 다할 때 얻어지는 것입니다.
우리 개들은 맡은바 책임을 다 하지 못했고, 썩은 쓰레기통이나 뒤지고 뼈다귀나 하나 걸리면 서로 으르렁거리며 싸우고 잘못하면 쥐약 친 고기덩어리나 주어 먹다가 길거리에서 뒈지는 실정이 아닌가. 그리고 오줌똥도 아무 데나 갈겨 길거리 질서를 더럽히는 것부터 우리들이 과감하게 계몽하여 고쳐 나가야 하지 않겠는가?
'똥벌거지는 썩은 똥에서 나온다. 똥벌거지를 나무라지 말고 자기 스스로가 썩은 똥이 되는 개가 되지 말아라.'
서울 개, 경기도 개, 전라도 개, 경상도 개, 제주도 개, 충청도 개, 강원도 개들이 모여 잘해 보자고 장래를 걱정하는 소리다(단합대회에서).
멍멍멍, 캉캉캉, 도도도, 휘휘휘, 쾅쾅쾅
개들만이 아는 소리다, 개들만이 아는 능엄주다.

허튼소리 56

스님, 열반이란 무엇입니까?

"중광스님! 열반 전에 열반송과 열반똥을 쌀 수 있습니까?"
서양화가 조영희라는 아가씨가 나에게 와서 놀려 댄다.
"제기랄, 중질하다 보니 별 좆같은 소리 다 듣겠네. 사는 날까지 살다가 숨이 떨어지면 가는 게지 웬 잔소리가 그리 많아. 죽을 때 오줌똥이나 잘 싸고 죽으면 그만이지 열반송은 웬 열반송이야. 저 나무 위에서 우는 매미소리나 듣고 가거라."
"중광스님! 열반에 드시면 사리가 나올까요?"
"영희 등살에는 도저히 견디어 낼 재간이 없구나. 나는 여자 공주님께 정력을 골고루 다 나누어 주었기 때문에 사리가 나올 턱이 있겠나. 만일 나온다면 돼지도 나온다는 음살이나 나오겠지. 전복 속에서 진주알을 캐면 돈이나 되겠지만 중놈에게서 나온 사리는 찾아서 무엇에 쓸고…"
"그러면 스님 말씀이 사리가 안 나올 모양이군요. 미리 말로 막아 내는 것 아닙니까? 그러면 스님은 도인은 아니고 큰 땡초는 되겠네요."
"도인 좋아하네. 이년아 네년이나 도인 많이 해 쳐먹어라. 나는 도를 오향장족 돼지 족발에 소주 한잔, 여자 구멍에다 벌써 팔아먹은 지가 오래야. 네가 똑똑한 것 같은데 말끝마다 열반송, 사리, 도인, 선지식 생사가 끊어졌다, 요런 말만 골라 가면서 묻는 솜씨가 설익어도 한참 설익었구나. 불교에서 몇 마디 말 때문에 불교가 입만 살아서 걸어 다니고 형식들만 돌아다니지. 불교뿐만 아니라 한국에 들어 온 종교들은 거의가 이와 다르지 않다고 해도 틀린 말이 아니야. 껍데기만 걸어 다닌다, 즉 말하자면 인간의 순수한 진실의 모습을 볼 수가 없어. 입만 열면 도 닦았나, 견성을 했나, 하나님의 계시를 받았나, 하나님 은총을 받았나, 입만 살아서 나불나불거리고 말들만 살아서 여기저기 돌아다니고 참다운 인간의 모습과 사랑의 모습, 인욕의 모습, 희생의 모습, 성실의 모습들은 전혀 볼 수가 없어. 도가 밥이 되나, 죽이 되나, 좆같은 소리 그만해. 생활 자체가 순수하고, 진실하고, 탐심이 끊어져야 해. 도란 놈은 그곳에서 다 녹아버려 허물허물 하게 마련이야. 입만 열면 불교가 제일이고, 회교가 제일이라고 싸우는 것은 종교를 잘 모르고 있기 때문이야. 듣고 안 듣는 것은 당신에게 있고, 그리고 내 말을 꼭 들으라거나 맞다고는 절대 말하지 않는다. 독약도 잘 쓰면 좋은 약이 된다. 세상사 모든 게 제멋대로 씽씽. 나도 씽씽이다. 사리 이야기 나오다가 엉뚱하게 내 말이 삼천포로 **빠졌군**. 네가 묻고 싶은 대로 물어 보아라. 자, 사리 이야기를 본격적으로 해 보자. 도와 사리 이야기가 나왔으니 사리가 나오면 도인이 되나?

도가 사리 속에서 자란단 말이냐? 사리 나온 돼지 보고 도인 돼지 라 하면 되겠군. 사리가 별것 아니야. 사리에 너무 집착하지마. 중 놈들이 부처님과 큰스님 이것저것 팔아먹다가 더 이상 팔아 쳐먹 을 것 없으니 불쌍하게 죽은 송장 화장막까지 가서 울겨 먹고 잿 속에서 나온 사리까지 팔아 먹으려고 사리사리 하는 거야. 조양 알겠냐? 이 말은 신앙의 심벌이기 때문에 부처님 사리는 제외야. 믿지 않는 사람은 아무렇게 생각해도 좋아. 자기 생각이니까."

"중광스님 보고 도인이라고들 하는데 어떤 것이 도인이옵니까?"

"도인은 진리를 잘 훔쳐 쓸줄 알고, 또 훔쳐 쓴 것을 잘 버릴 줄 아는 사기꾼이야."

"중광스님은 많은 여자를 훔쳤다고 들었는데요. 종교인으로써 양심의 가책이 안됩니까?"

"양심의 가책이라니. 내가 안 준 것을 먹었나. 여자들에게 없는 생 구멍을 뚫어서 들어갔나. 여자의 한구석에 구멍이 나서 내가 들어 갔다 나온 것뿐이지. 자기 좋고 내 좋고 나는 많은 것을 취하면서 큰 것을 버리는 수행법을 배웠지. 이 세상에 여자가 없으면 나는 내일이라도 죽을 거야. 하나님께 감사한 것은 나에게 여자를 많이 만나게 해 주신 것에 대한 것이지. 무덤에 들어갈 때까지 나는 여 자를 만날 거야."

"깨달은 자와 범부와는 어떤 차이가 있습니까?"

"깨달았다는 자는 큰 도적놈이고 큰 사기꾼이지. 다시 말해서 온 우주를 마음대로 주무르며 폭행하는 놈이 큰 도적놈이고, 모르는 놈이 큰 사기꾼이 토해 낸 행동만을 흉내 내다가 잘못되어 영창에 들어가 사는 것 뿐이지. 큰 도적놈은 큰 것을 훔쳐 썼다, 빌려 썼다, 버릴 줄 안다. 작은 도적놈은 어떤 것을 훔치면 자기 것인 줄 아는 집착 때문에 중생을 못 면하는 것이니라. 성인과 중생은 버리고 못버리고 하는 백지 한 장 차이니라."

허튼소리 57

씹공알이 미소를 들고 달려 온다
좆콩 두 섬이 힘차게 달려 온다
태초법을 가지고 곱게 곱게 달려 온다
모든 법을 부수어질 때까지 부수어 버려라
태초란 법도 부술 수 있을 때까지
자연이란 법도 부술 수 있을 때까지
유위법이란 법도 부술 수 있을 때까지
종교란 법도 부술 수 있을 때까지
자기란 존재도 부수어 질 때까지 부수어 버려라
너는 새로운 하늘과 새로운 땅을 만들어 보아라
생명을 만들어 보아라
너만이 참으로 숨을 쉴 수 있는
공간을 만들어 보아라
네 혼을 만들어 보아라
모든 법이 너에게 달려 온다
모든 지구가 너에게서 탄생한다
모든 하늘이 너에게서 탄생한다
모든 생명이 너에게서 탄생한다
나는 가갸거겨 나는 가겨거겨

허튼소리 58

대한민국 만세 대한민국 만세
가갸거겨 가갸거겨 가겨거겨
가갸거겨 가갸거겨 가겨거겨
가갸거겨 가갸거겨 가겨거겨
가갸거겨 가갸거겨 가겨거겨

민주주의 만세 민주주의 만세
가갸거겨 가갸거겨 가겨거겨
가갸거겨 가갸거겨 가겨거겨
가갸거겨 가갸거겨 가겨거겨
가갸거겨 가갸거겨 가겨거겨

하늘보고 만세 하늘보고 만세
가갸거겨 가갸거겨 가겨거겨
가갸거겨 가갸거겨 가겨거겨
가갸거겨 가갸거겨 가겨거겨
가갸거겨 가갸거겨 가겨거겨

허튼소리 59

대한민국은 대한민국은 5천 살, 5천 나이 먹은 나라입니다. 세계에서 어른 대접 받을 만한 오랜 역사를 가진 삼천리 금수강산이옵니다.

신라의 석굴암, 다보탑, 석가탑 — 아름다워라. 한국의 최대의 예술, 우리 조상님들의 격조 높은 지혜와 아름다움의 상징혼.
신라는 갔어도 예술의 숨결 맥박은 오늘도 면면히 세계 속에서 뛰고 있습니다. 그뿐이옵니까? 한국의 자랑 중의 자랑인 고려청자 — 아 아름다워라. 청자 한국은 예술의 나라라고 나는 긍지를 가지고 자랑한다.
해인사의 방대한 불멸의 작품 고려대장경판. 을지문덕 같은 위대한 지·덕·용을 겸비한 명장도 낳았고, 이 강산에 원효 같은 해동의 성자도 태어난 이 나라에서 그런데 어찌된 일입니까?
어용적이요, 모조품 인물만 학문이고, 예술이고, 과학이고, 정치고 다 그렇고 그렇다. 특히 예술은 푹 썩었다. 남의 안경을 쓰고 앉아서 예술하는 치한들. 자기 혼들은 어디에 가서 팔아먹고 규격품처럼 허수아비들만 걸어 다니고 있나?
내 나라 땅덩어리는 비록 적더라도 이 우주와 지구 공간은 우리 것이 아니옵니까? 그리고 이 우주를 오른쪽 호주머니에 넣었다 왼쪽 호주머니에 넣을 수 있는 배짱이 왜 없습니까?

또 겁이 나거나 크게 놀라면 바지에 똥을 뻘뻘 쌀 줄 모릅니까?
왜 솔직하지 못합니까? 솔직하고 성실한 행동은 세금도 없습니다.
왜 감춥니까 왜? 마음껏 못합니까? 왜 위선 속에서 끙끙거리며 살아야 합니까? 왜 감정만 앞섭니까? 감정을 넘어선 이성과 여유를 왜 못 가집니까? 왜 유머와 풍자를 하는 풍류가 없습니까?
내 주위에 누구든지 잘 살고 훌륭한 사람이 많으면 나도 잘살고 훌륭하게 됩니다.
그런데 왜 우리 민족은 서로 못 잡아먹어 아웅다웅 합니까?
이 민족에게는 언제까지나 악순환만 돌고 돌 것인가? 우리는 정신을 차려야 합니다. 서로 사랑이 없으면 불신과 멸망뿐이옵니다. 나라는 망하게 됩니다.
나는 가끔 똥벌거지만도 못한 물건이라 생각해 봅니다.
언젠가 어용 갓쓴 사람과 똥벌거지가 삿대질을 하면서 싸우는 것을 보았습니다. 어용 갓쓴 사람이 삿대질을 하면서 똥벌거지에게 하는 말이, '나는 사람이다. 만물의 영장인 사람이야.' '너는 썩은 똥이나 파먹는 똥벌거지가 웬 말이 많으냐?' '나는 똥벌거지인줄 안다. 그리고 똥 외에는 딴 것을 넘나보거나 탐내지 않는다. 다만 똥으로 만족한다. 똥벌거지지만 똥 속에 살고 똥 속에서 죽는 지조가 있는 똥벌거지다. 너는 만물의 영장이라 하지만 좋아하네. 너보다 강하고 돈이나 지위가 있으면 완전히 간 속에 붙었다 쓸개에

붙었다 숨도 못 쉬고 앞에 가면 기죽은 개처럼 꼬리 내려붙이고 기어다니지. 똥구멍이라도 핥고 좆이라도 빨라면 빨지. 그리고 너보다 약하다 싶으면 완전히 발바닥으로 소똥 밟듯이 밟아서 눈썹도 까딱 않고 잡아버리지. 네놈이 나라 녹을 먹는 놈이라고…튀튀'

허튼소리 60

미국 보스턴에 있는 탁박사가 나에게 질문해 왔다.
"중광스님, 불교의 윤회를 믿습니까? 안믿습니까?"
나는 대답했다.
"기분 좋을 때는 믿고 나쁠 때는 안믿는다."
하자 탁박사는,
"나는 불교의 윤회를 꼭 믿습니다."
라고 말했다. 그래 내가 언제 당신이 말하는 것을 틀렸다고 했던가. 당신의 믿음만 철저히 잘 믿을 뿐이지 내가 어찌 하란 말인가?
"만물의 창조주이신 하나님이 있다고 봅니까, 없다고 봅니까?"
나는 대답했다.
"목사님이나 신부님께 직접 물어보십시오. 잘 대답해 주실 것입니다. 아니면 하나님을 직접 만나 뵙고 물어 보시던지…"
"하나님이 있습니까? 없습니까?"
"하나님을 직접 만나보십시오. 틀림없이 대답해 주실 것입니다."
"중광스님! 불교에서 말하는 극락과 지옥이 있습니까, 없습니까?"
"극락이 있다고 믿는 사람에게는 극락이 있고, 극락이 없다고 믿는 사람에게는 극락이 없느니라. 극락이 있다고 믿는 사람에게는 지옥이 있고, 극락이 없다고 믿는 사람에게는 지옥도 없느니라."

요즘은 극락, 천당도 간사스러워서 돈이나 권력, 이름 있는 사람에게는 굽실굽실하며 꼬리를 흔들어 댄다.

21세기에 들어서면 종교를 믿는다는 말은 종교를 좋아하느냐로 흘러갈 것이다. 종교를 믿는다는 것은 불신이 내포되어 있고, 종교 싸움의 씨가 항시 도사리고 있다.

나는 종교를 좋아한다. 어떤 종교의 말씀이든지 좋은 것과 좋은 말씀은 내 마음의 양식으로 받아들여 넓게 수용해야 한다.

허튼소리 61

나는 쓸개가 여덟 개
여섯 개는 이미 던져두고
두 개만 남았다
남은 하나는 죽을 운명에 던지고
마지막 쓸개 하나는
어차피 죽을 때 가져 간다.

허튼소리 62

내 머리 양 어깨에
울긋불긋한 性器
여섯 개 걸어 놓고

한바탕 노름빚에
이 세상 저당 잡히고는
나는 손을 털털 털고
돌아앉았다.

허튼소리 63

부산진역에서 동해선을 타고 동래역을 지나 기장 쪽으로 가다 보면 늙은 노송이 몇 그루 서있고 이순 남편 묘 세 쌍이 나란히 있는 높은 동산이 보인다.
옛날에 기장이란 고을에 미모가 빼어난 여인이 살고 있었다. 뭇 남자들이 이 여인만 보면 혼 빠진 개처럼 침을 흘리며 줄줄 따라 다녔다. 그러다가 이 마을 부잣집 아들이 겨우 이 여자와 결혼을 하게 되었다.
결혼 후 한 3년간 색이 쌘 여자의 궁속에서 헤엄을 끝없이 치고 씹독에 폐를 앓더니 결국은 궁속에 빠져 죽고 말았다. 그래서 부인은 큰 서방님의 묘를 이 동산에 잘 모셨다.
또 다음 해에 그 마을 남자와 또 결혼을 했다. 그 남자는 결혼하는 날부터 탄광굴 파듯이 구멍을 한 2년간 마구 파더니 이 남자도 황달에 걸려 궁속에 끼여 마른 명태처럼 바짝 말라 죽고 말았다. 그래서 둘째 남편도 큰 서방님 다음에 나란히 모셨다.
그 다음에 셋째 남편은 뚱뚱 하니 자그마한 사람이었다. 이 남자도 밤낮없이 궁속에서 물개처럼 헤엄을 치더니 결국은 그 구멍에 빠져죽고 말았다. 그 세번째 남편도 전의 서방님과 함께 잘 모셨다.
이 순 여인은 1년에 봄 가을 두번씩 세 남편 묘에 가서 제사를 정성껏 올렸다. 이 여인은 첫 남편 묘에 가서 '큰 서방님 내 궁이 뻑

뻑해요' 하고는 '당신도 청주 한잔 하이소' 한잔 올리고는 꼭 세번씩 절을 했다. 아마도 큰 서방님은 밑의 물건이 커서 뻑뻑하게 화끈했던 모양이다.

다음은 둘째 남편 묘에 가서 절할 때 '둘째 서방님 당신도 청주 한잔 하이소' 하며 한 잔 올리고 꼭 절을 3번씩 올렸다. 둘째 서방님은 밑의 물건이 너무 길어서 궁 안창을 마구 건드렸던 모양이다. 다음엔 셋째 남편 묘에 가서 간절하게 '셋째 서방님, 내 궁이 강굴강굴' 큰 절을 올리고는 '당신은 청주 두잔 하이소' 하고 두잔 올리고는 절을 여섯번 올렸다.(강굴 강굴: 경상도 사투리로 잘 긁어 준다는 말)

셋째 서방님은 물건이 적당하게 생겨서 궁속에 들어가 골고루 잘 긁어 주고 그 맛이 좋았던 모양이다.

현재도 이 동산의 늙은 노송은 옛날 이 순 여인의 목소리를 들으며 건강하게 자라고 있다.

손을 흔들어 대는 늙은 노송, 오늘도 늙은 노송나무는 남녀간의 씹좆 소리라면 신이 나서 벙글벙글 손을 흔들어 댄다.

허튼소리 64

꼭 같은 금동 등상불 부처님도 미국 하와이 대원사에 가보니까 탁자 위에 이름도 잘 모르고 듣도 보지도 못했던 과일과 꽃이 탁자 위에 소복하게 공양이 올려져 있었다.
부처님도 천천히 여유 있게 조용히 공양을 잘 받으시고는 향기로운 미소로 정에(정좌) 들어 앉아 계셨다.
나는 부처님께 참배하고 부처님도 복이 있는 부처님도 있고, 복이 없어 고생하시는 부처님도 있으시구나 생각했다. 너무나 좋고 아름다운 꽃과 좋은 과일들, 그리고 우리나라에서는 아무나 탈수 없는 캐딜락, 롤스로이스, 벤츠만 타고 다녔다.
법당도 항시 따뜻해서 부처님도 밑에 팬티까지 벗고 눈을 지그시 감고 앉아 계셨다. 우리나라 법당 탁자 위에 앉아 계신 부처님을 보면 대단히 초라하고 송구스럽고 죄스럽다. 미국에 계신 부처님보다 볼 면목이 없다.
냉랭하게 청수물이나 한 그릇 떠놓고 흰쌀 시루떡 산만큼 큰것 갖다 올려놓고 공해, 농약 투성이 과일 산더미처럼 올려놓고 들고 짠다……을 달라, ……을 달라.
또 보면 부처님이 빨리 잡수시고 뒤져라란 식으로 하니 부처님은 아연실색한 표정으로 앉아 계셨다.
부처님이 언제 돈에 환장했나? 때 묻은 돈 앞에 잔뜩 갖다 놓으라

해놓고 돈은 딴 놈이 장을 실컷 보고 가니 부처님 심정은 어떻겠노.
지금 부처님은 옛날 부처님과 달라 어영부영하지 않는다. 행정 및 경리, 회계에도 밝다. 시주물이나 불전을 법공양에 잘 써야 한다. 내귀설에 따끔한 일침.

낙도에 있는 절에 가보니까 가난한 섬이라 좋은 과일이나 꽃이 있을 리가 없었다. 오징어와 어물이 많이 나는 섬이었다. 부처님 탁자 위에 마른 오징어와 고리고리한 냄새나는 오징어를 잔뜩 탁자 위에 갖다 올려놓으니 점잖은 부처님은 말도 못하고 고리고리한 냄새가 코에 진동하니 코, 이마를 찡그리고 앉아 계셨다.
점잖은 체면에 부처님이 이것 저것 가리면 땡초 부처님이라고 할까봐 똥을 싸고 싶어도 똥이 마렵다는 말 한마디 못하고 얼굴이 노랗게 질려서 앉아 계신 부처님을 보았다.
촌 변소간에 가서 소변을 보고 있었는데 오줌소리가 홍수 터지는 소리처럼 요란했다. 문제는 옆칸에 앉아 있던 젊은 보살이 놀래어 똥, 오줌이 나오다 말고 다시 들어가고 말았다. 부처님 폭포수 같은 오줌소리에 놀라 나와서 하는 말이 부처님도 똥, 오줌을 싸는가! 이것이 한국 불교 여인들의 관념이다. 나는 딱해서 생각해 보았다. 부처님이 구속받고 눈칫밥 받아 잡수시는 것을 보고 부처는 구속받는 것이구나. 중생들이 부처님을 모시는 것이 아니라 자기 생각대로 부처님을 옴짝달싹도 못하게 하니 부처님도 죽을 지경이다.

부처님을 절대자처럼 신격화 해서 불교를 믿는 것은 불법을 잘 모르는 기복사상에 흐른 타락된 현상이다.

불법은 지극히 자연스러운 것이며, 정신적인 자유인이 되기 위해서 불교는 있는 것이다.

허튼소리 65

집이 기울다고 불을 태웠더니
터가 원래 고르지 못한데

이웃집 고양이가 우리 집 고기를
훔쳐 먹었는데
설사는 우리 고양이가 한다
나는 가갸거겨
나는 가갸거겨

허튼소리 66

포장마차에서 소주 한잔에
손가락을 빨아라
술파는 아낙네 깊은 젖가슴을
살짜기 훔쳐보며
실컷 간음하게 하여라
홀레물이 일렁일렁 넘치도록
이 멋을 모른 사람에게 귀가 열리게 하라.

허튼소리 67

제잘난 종교가들, 예언가들이 유행가처럼 입만 열면 이 악한 세상 말세다 말세다, 천국이 가까이 왔으니, 용화세계가 가까이 왔으니 회개하라! 정법시대는 지나 상법시대. 상법시대도 지나 말법시대다. 말법시대니 세상이 악해진다.

아무리 세금 붙지 않는 말이지만 중생의 주둥아리가 가볍고 방정이다. 이 세상을 실컷 신나게 개처럼 더 살고 싶어 인삼, 녹용, 웅담, 사향 다 쳐 먹으면서 아들, 딸, 손자 볼 것 다 보고 세상을 잘 살아가면서 그놈보고 이 세상을 그만두고 총칼 받으라면 먼저 혼비백산 살려달라고 빌며 먼저 도망갈 그놈이 입만 열면 말세다, 말세다 천국이 가까웠으니 회개하라! 회개하라!

회개는 무슨 놈의 회개냐? 좆을 빨란 말이냐, 도둑질을 하란 말이냐, 위선 도둑질을 하란 말이냐. 거룩한 성전 앞에 나타나면 왜(?) 나는 죄인이로소이다, 죄인이로소이다. 참회란 빛도 없이 의식도 없이 그저 죄인이다.

그러면 이 세상은 죄인들만 사는 죄인 소굴인가? 비굴하게 신에게 아부도 아니고 무엇인가. 적어도 거룩한 신전 앞에 나타나면 우리들이 살아온 자연 그대로 있는 것, 없는 것, 그대로 보이고 지극히 평범하게 신의 거룩함을 높이 찬양 예배하며 감사할 줄 아는 예배가 좋다.

나는 죄인이다 하면 신은 어떻게 하란 말인가. 정신이 나간 사람들아 정신 차려라. 지옥, 천당 갈려도 갈 놈이 하나도 없어 혼이 다 삿된 말에 빼앗겼는데 어느 놈이 가란 말인가. 천당 극락도 혼이 없는 허수아비를 받아주지 않는다. 지옥도 장차 싹수 있는 놈만 받아 준다. 지옥을 거쳐 천당 보내 줄 예지 있는 놈에게 관심이 있다는 말이다.

지옥이라고 완전 희망이 없는 것은 아니다. 멸망이 아니다. 꺼떡하면 불로심판을 받을 것이다. 믿음이 없는 자에게는 멸망뿐이다. 사람들을 먼저 정신적으로 불안하게 만들어서 그 다음은 정신적으로 인질을 모조리 잡아놓고 그 다음은 삿된 말에 자기 혼까지 뺏아버리고 허수아비들만 돌아다닌다.

혼이 없는 놈들이 천당 극락에 가면 무엇에 쓰나. 골동품처럼 살란 말인가. 이 세상에 제일 무서운 것은 혼이 없는 사람들이다. 혼이 없는 사람은 자기의식이 없으니 양식도 없다. 양식이 없으니 타협도 없고 배타적인 불신과 모략과 싸움뿐이다.

싸움은 죽음뿐이다. 노스트라다무스의 예언은 지구 최후의 날을 1999년 8월 18일로 보고 있다. 이 예언을 세계인들은 믿는 사람도 있고, 안 믿는 사람도 있고, 공포에 떠는 사람도 있다. 그리고 초연한 사람도 있고 될 대로 되라는 식의 무관심한 사람도 있고, 나도 절대로 놀래지 말란 말에 놀아난 것이다.

이 지구가 1999년 8월 18일에 파멸이 되든지 영원히 멸망이 되든지 놀랠 것이 없다. 아니 내년에 파멸이 되더라도 할 수 없다. 왜냐하면 이 지구가 영원히 불멸할 것인 줄 아는 것이 큰 착각이다. 이 지구는 오늘도 몇 번 죽었다 살아나고 다시 태어나고 있다. 이 지구는 오늘도 건강하고 젊고, 늙고, 병들고, 흥하고, 망하고 온갖 조화가 무궁무진 펼쳐지고 생사고해에서 살고 있다. 그리고 이 지구에는 공짜라고는 털끝만치도 없다. 공기 한 점 물 한 방울까지도. 그러므로 우리들은 진실해야 한다. 사랑해야 한다. 꼭 내 몸같이 자연이 생명을 사랑해야 한다.

이 지구는 우주 속에서 자그마한 천체의 일부이다. 거대한 우주인에게는 오른쪽 호주머니에 넣었다 왼쪽 호주머니에 넣었다 하는 구슬 하나에 지나지 않는다. 그리고 또 티끌 속에서도 볼 수가 있다.

이 거대한 지구를 보고 절대 놀라지 말라. 내가 죽을 때 지구는 벌써부터 수백억 수천억 번 죽었다 살았다. 또 내일도 죽었다 태어났다 한다. '내일 이 지구가 멸망한다 해도 나는 오늘 한 그루의 사과나무를 심겠다'는 스피노자의 말씀이다.

인류의 선각자에 한 번 더 감사드리면서 우리는 이 세상에 태어났을 때 죽음도 같이 태어났다는 것을 깨달아야 한다. 놀라지 마라. 지구가 멸망한다 해도 반드시 성·주·괴·공으로 이루어졌으니 주하고 주하니 무너지고 무너지니 공하고 공한 것이 이 지구에 있는 현상이다.

시간도 병들고 늙으면 죽는다. 또 시간도 암에 걸리면 빨리 죽고 시간 병도 고치기 어렵다. '내가 오늘의 삶은 영원한 삶이며, 지극히 감사한 오늘이다. 내 존재란 것은 신보다 우주보다 지구보다 종교보다 더 귀한 존재이다. 내가 있을 때 신을 받들고 종교가 필요한 것이다.

허튼소리 68

견공님들의 의원 출마

이번 총선에는 개들이 양심촌에서 의원(議猿)에 출마하겠다고 발 벗고 나섰다.
한 늙은 여우가 견공님을 찾아가서 의원에 출마하게 된 경위를 자세하게 물어보았다.
견공님들이 하시는 말씀이 건국이래 선량한 의원님들이 자유탕, 공화탕, 삼선개헌탕, 유신탕, 우리탕, 민주탕, 한나라탕, 매음탕, 보신탕, 탕국들만 고아먹는 것을 몇 년 두고 보면서 우리 개들은 깨끗한 표를 던져 잘 모셔 보겠다고, 더 이상 참을 수가 없어서 의원에 출마할 뜻을 굳혔단다.
첫째, 의원이란 넘들이 알록달록해서 색깔이 분명치 않다. 애국형 같기도 하고 정치형 같기도 하고 무골충형 같기도 하고 혼이 없는 허수아비형 같기도 하고, 명예에 굶주린 아귀형 같기도 하고, 어찌 되었든 색깔이 분명치 않고, 믿을 만한 넘들이 그리 많은 것 같지도 않다.
둘째, 여의도 공회당이란 델 가보면 제 혼을 가지고 다니는 넘들은 그리 많은 것 같지 않고, 밥을 먹어도 코로 먹는 넘들이 있는가 하면 말을 똥구멍으로만 하고 숨은 눈치를 보면서 눈으로만 숨을 쉬는 것 같고, 자기 소신껏 정치 철학을 가지고 지혜와 인내로 소신 있게 일하는 넘들이 그리 없는 것 같다. 허수아비들만 모여 앉아서 머리수만 채우는 의원 엑스트라 같다.
셋째, 의원들 모임을 무어라 붙이면 되겠습니까?
개뻑다귀 다루는 날치기 쇼, 변칙 번개 쇼, 옳소 박수부대 쇼, 박쥐 귀신 곡하는 날치기 쇼, 그런데 바른 정치 정견을 가지고 타협적이고 정치 정견을 바르고 리듬 있게 일하는, 비젼 있게 일하는 정치 쇼를 못본 것 같다. — 까마귀 노는 곳에 백로야 가지마라. 까마귀 검다 하고 백로야 웃지마라. 속 검은 이는 너뿐인가 하노라. 그곳엔 잘난 넘도 못난 넘도 없는 것 같다. 멍멍

견공님들의 정치 철학을 좀 들어봅시다.
첫째, 우리 개들은 주인을 위해서 밤낮을 가리지 않고 주인 옆을 한시도 떠나지 않으며, 주인을 보살펴 지키며, 우리는 어떠한 일이든지 주인을 위해서 목숨을 걸고 충성을 다한다. 우리 개들은 옛부터 충성이 전통이었고 전통에 살고 전통에 죽는다.
둘째, 우리 개들은 검은 옷, 흰옷, 노란 옷, 얼룩 옷, 색깔이 분명한 옷을 입고 다닌다. 검은 개가 흰 개가 되거나 노란 개가 얼룩 개가 되거나 색깔이 변하지 않는다. 그리고 될 수도 없다. 우리들은 색깔대로 말을 하고 색깔대로 죽는다.

셋째, 우리 개들은 주인들의 형편에 따라 주는 대로 먹고, 주는 것 외에는 절대로 딴것을 바라거나 생각지도 않는다. 또 웬만하면 도둑을 미연에 방지한다. 왜냐하면 분별없이 아무나 마구 물어대고 과잉충성하고 아부하면 오히려 주인에게 허물을 끼칠 확률이 높기 때문이다. 해서 지혜롭게 인내로써 개소리를 때에 따라 지른다.

견공 후보님들의 정치 정견을 말씀 좀 해 주십시오.
첫째, 우리 개들도 21세기 산업사회에서 날로 급변하는 문화정치 속에 살고 있다. 그러기 때문에 위생적으로 처리된 통조림을 만들어서 공급해 주었으면 좋겠다.
둘째, 우리 개들에게도 유학 공개시험을 보아서 미국이나 영국, 인도, 러시아, 일본 등 여러 선진국에 유학을 보내어 견학하고 학문과 사상을 넓게 배울 수 있는 학문의 길이 열렸으면 좋겠다.
셋째, 우리 개들에게도 대총수를 선출할 수 있는 투표권을 달라. 또한 언론, 출판, 해외여행의 자유를 달라. 우리 개들에게도 지방자치제 의원 선거법을 달라. 그리고 개무덤, 아파트도 만들어 달라.

△ 경상남도 견공님의 정치 정견 발표

남녀 개들의 평등한 권리를 행동으로 이 땅에 심기 위하여 말이나 법보다는 실제 행동으로 옮겨질 때 가능하다. 남녀 목욕탕을 없애고 남녀 혼탕으로 해서 남녀를 구별하는 관념을 없애고, 남녀 변소도 없애고, 옷도 남녀 구별없이 치마 같은 것을 자유스럽게 입어야 한다.

△ 경상북도 견공님의 정견 발표

장가 한번 안가고 40세 이상을 독신으로 산 사람은 국가에서 복지 대책을 마련해 주고, 우선적으로 대우하면 안심하고 훌륭한 일을 많이 하고 국가에 많은 공헌을 남길 것이다. 오로지 전문적으로 공부할 수 있기 때문이다.

△ 충청남도 견공님의 정견 발표

물을 아껴 쓰고 깨끗이 쓰는 민족이 되자. 물이란 사람의 몸에는 80%가 수분으로 되어 있다.
사람이 밥은 15~20일을 단식해도 살 수 있으나 물은 7~10일간 못 먹으면 사람은 애가 말라 죽는다. 그리고 이 세상 만물을 근본으로 기르는 데 가장 중요한 성분이 물이다. 그래서 물은 생명처럼 깨끗이 쓰는 정신을 길러야 된다.

△충청북도 견공님의 정견 발표

남자의 호적처럼 여자의 호적도 독립시켜서 모계의 호적을 법적으로 만들어서 상속 및 혈통을 승계할 수 있는 법적 지위를 여자에게도 주어서 남녀 평등할 수 있는 권리가 주어져 대한민국 여성을 수준 높게 향상시켜 주어야 한다.
남녀 간에 정신적으로, 법적으로 해방된 여성, 건강한 여성, 사회 일꾼으로서의 떳떳한 여성, 지위 면에서 남성과 똑같은 여성으로 높아져야만 건강하고 밝은 여성이 되어 훌륭한 2세를 낳을 수가 있다. 절대로 아버지에게서만 나온다는 것은 전근대적인 사고방식이고 남존여비의 낡은 사상에서 그릇된 관념이다.
대한민국 여성 중에는 공과 사를 잘 구분 못하고 있는 사람들이 많다. 이성보다는 감정이 앞서고, 예를 들어서 말하면, 공무시간에도 사적인 전화를 하는 여성이 아직도 많다. 자그마한 일과 큰 일은 다를 바가 없다. 일은 작든 크든 마찬가지이다. 참된 사랑보다는 탐욕이 심한 삿된 사랑이 강하고, 삿된 애욕적인 사랑이 강한 것이 대한민국 여성들이다.
참사랑은 사욕과 허욕없이 담담해야 참사랑이다. 따라서 대한민국 여성의 지위를 향상시키려면 허욕없이 담담해야 참사랑이다. 또 여성의 지위를 향상시키려면 우선 여성 자신이 자발적으로 정신과 행동을 계몽, 혁신시켜야 한다. 절대적으로 삿된 사욕이 없어야 한다.

△ 서울지구 견공님들의 정견 발표

남녀 간에 성교육을 전문적으로 연구하는 전문대학을 설립해야 한다. 성 연구 및 성에 대한 산교육이 한국 사람에게는 절대적으로 낙후되어 있다.
성교는 나쁜 것이라고 또는 부도덕한 것이라고 여기는 이들이 많다. 한국은 가장 중요한 것을 중요시 여기지 않는 경향이 있다. 인간에게 먹는 것이 제일 중요하고 다음으로 성행위가 중요하다. 또한 자랑스럽게 잘 관리하는 명예정신의 교육, 이 세 가지가 인간의 가장 기본적인 교육 요건인데 잘 지켜지고 있지 않다. 이러한 인간의 기본적인 정신을 계몽시켜 나아가야 할 것이다.

△ 전라남도 견공님의 정견 발표

이 나라의 경제적인 질서를 파괴하는 무모한 문어발식 경제 마구니를 이 나라에서 과감하게 뿌리뽑아 서식치 못하도록 해야 한다.

한국 국민의 세계관을 넓힐 것, 자기 나라 민족관을 너무 주장하지 말고 범인류적 사고방식과 자비 정신으로 한 가족이 우주론 속에서 살고 있는 것을 깨닫고 정신사상을 범세계적으로 넓혀야 한다. 언어 및 풍속사상의 제 문제를 배우고 세계적으로 빨리 적응할 수 있는 정신을 기를 것. 그러므로 여러 나라의 외국어를 어릴 때부터 배워두는 정신도 좋다.

 △ 경기도 견공님의 정견 발표

기생이나 화류계의 직업도 정당한 직업으로 법적으로 인정해 주고 남·남, 여·여간에 있는 동성애를 정당한 성생활로 법적으로 인정하고 절대 이상적인 행위만이 옳다는 고정관념을 해방시켜야 한다.
또한 한국의 어머니들은 아들은 연애해도 괜찮고 딸은 결혼 전 연애하면 못쓴다는 열등한 사고방식을 버려야 한다. 여성들이 여성의 권리도 찾지 못하고 권리를 포기하는 것은 곧 슬픈 여자가 되는 것이다. 그러한 슬픈 여자가 많은 나라는 사회적으로도 큰 손해이다.

 △ 제주도 견공님의 정견 발표

책을 많이 읽는 민족을 만들자. 책을 많이 읽는 민족이 되자. 책을 많이 읽은 민족은 지혜와 창조, 마음의 양식을 많이 쌓아 정신적으로 풍부해진다.

우리들은 다 같이 견공님들을 국회로 보냅시다. 견공님께 깨끗한 표를 던집시다. 소신이 분명한 견공님들, 충성스런 견공님들, 지혜로운 견공님들, 그리고 성실하고 인내 있는 견공님들을 다 같이 의회로 보냅시다.

허튼소리 69

대한민국 가갸거겨

'여기는 미국 뉴욕 맨해턴 한국의 소리. 태선도사님, 내 말을 들어 보시오.'
X같은 놈, S같은 년들아! 입만 살아서 예의니 도덕이니 염치니 허세부리는 행동만 말고 껍데기 탈을 홀랑 벗어버려라. 이 좋은 세상에 귀한 사람으로 태어나서 얼마나 못났기에 그리 좋은 술과 여자와 오입 한번 못해 보고 가슴 아픈 이혼도 한번 못해 보고 죽일 년 하면서 원수 같은 싸움 한번 못해 보고 리듬이 없는 일생을 냉수처럼 냉랭하니 바싹바싹 마른 사막처럼 살았겠나.
무엇인가 잘못되어도 한참 잘못된 것이지. 일찌감치 땅 넓을 때 공동묘지로 갈 일이지. 이 귀한 세상 무엇을 채우려고 시계불알처럼 왔다갔다 하는가. 세상에 무엇이 자랑할 것이 없어서 나는 절대 술도 안 먹는다, 나는 담배도 절대 안 먹는다, 나는 내 부인 아니면 맹세코 다른 여자를 안 먹는다, 냄새 나는 돈도 안 먹고, 오직 깨끗하고 정직하게 살 뿐이다.
어느 누가 정직하고 깨끗하게 못살게 했나. 다만 지극히 자연스럽게 물이 물길을 따라 흘러가듯이 살아라. 정직을 너무 강조하는 이면에는 부정의 씨가 항상 도사리고 있음을 깨달아야 한다.

차라리 말끝마다 안 먹는다고 떠들지 말고 주둥아리를 닫아두기라도 한다면 일체 안 먹게 되는 게 아니겠는가. 사람이 이쯤되면 소견이 바늘구멍 같아서 이 넓고 복잡한 세상을 어찌 마음 편히 하고 살겠는가 말이다.

자기와 생각이 같지 않은 사람들을 이단시하거나 멸시하거나 죄악시하거나 패륜아 취급하는 결벽병, 편벽병, 독선적인 병, 모략병, 종교병까지 겹치고 덮치면 이런 병을 갖고 사는 사람들은 한마디로 큰 병에 걸린 사람들이다.

사람이 한세상 살아가는데 좋은 것 나쁜 것 다 보고 경험하면서 나쁜 것은 나쁜 것이라고 단정을 짓지 말고 나쁜 것 속에서 좋은 것을 깨달을 수 있는 것이 꼭 있다는 것을 알아야겠다. 나쁜 것 속에서 진리를 깨달을 수도 있다. 이것이 지혜의 눈이며, 지혜의 마음이다.

좋은 것, 좋은 말, 좋은 사상만 편벽되게 취하는 것은 크게 잘못된 생각이다. 이 같은 병이 한국 사람에게 열에 여덟은 걸려 있다. 현재는 좋은 말, 좋은 글, 좋은 사상이 공중으로 입으로 날아다녀도 행동이 없다. 좋은 글을 책 속에서 잠은 자도 사상과 혼이 없다. 허수아비처럼 꼿꼿이 다니고 있다.

이 눈치 저 눈치 보는 들쥐 같은 사람이 날로 늘어가고 있는 세상이다. 한심지사로다. 있으면 있는 대로 없으면 없는대로 좋은 것 나쁜 것 형편 따라 분수 맞추어 굴곡에 장단을 잘 맞추어 지혜롭고 성실하게 살아라. 또는 병신처럼 가끔 실수도 하고 교도소 감방에도 가끔 갔다 오고, 정신도 살짝 왔다갔다 헛소리도 하며 살아야지. 세상을 규격품처럼 또는 획일하게 사는 것은 너무 건조하고 대단히 괴로운 일이다. 그렇다고 틀에 박힌 생활을 하지 말라는 것은 아니다. 세상 깊이를 적당하게 보고 부지런히 인생을 살다가 갈 일이지 왠 잔소리가 그리 많은가. 그렇지 않아도 세상살이가 고달픈데 그렇다고 법과 질서, 예의와 도덕, 체면을 무시하거나 파괴하란 말은 아니다.

내 말을 깊이 음미해 보시기 바란다. 마음도 시원하게 활짝 열어 놓고 인간의 본질적인 순수한 마음과 법과 질서 이전에 정신과 사상 혼을 잘 깨우치면서 살아보라는 말이다.

우리들은 자그마한 땅덩어리에서 태어나 거기에다 종교와 학문을 너무 편벽되게 받아들여서 배운 것만큼 정신적으로 소화를 시키지 못했다. 정신적, 사상적, 사회적, 국가적, 역사적으로 어느 하나 잘 소화한 것이 하나도 없다.

조그마한 땅 위에 불교다, 유교다, 예수교다, 무당이다, 너무나 많고 서로의 주장만 내세우지. 그것은 곧 광신 아니면 맹신이다. 예술도 그렇지. 혼이 담겨 있는 작품을 거의 볼 수가 없어. 작품들이 거의가 복사품이거나 남이 똥싸버린 똥찌꺼기, 아니면 남이 토해 낸 가래 찌꺼기고, 남의 꽁무니만 따라가는 게 아니면 앵무새들 뿐이지. 아니면 원숭이와 다름이 없지. 기껏 한다는 말이 '전통을 살려서, 옛 조상들의 혼을 살려서'라고 안일하게 구호를 외친다. 그렇다면 옛 조상이 처음에 낸 작품은 전통이냐? 창작인가를 생각해 보았는가?

전통의 흐름은 맥이 힘은 될지언정 시대 흐름의 예술을 상징할 수 있는 정신은 될 수가 없다. 헛된 위선의 옷을 훨훨 벗어버려 두고 이 세상을 넓고 깊게, 즐겁고 리듬 있게, 따뜻하고 생기 있게 살아보아라.

우리나라 조상들은 우리 후손들에게 정직하게 개척 정신이나 모험 정신이나 창조 정신이나 자유정신을 가르쳐 주지 않았다. 가르쳐 준 것이 있다면 순종심과 허수아비 정신, 아부, 어용 정신, 시기, 질투, 박쥐같은 정신만 길러 주었다. 그리고 과대망상, 실재성이 없는 이론 한 마디로 남이 토해 낸 가래 찌꺼기, 말 찌꺼기, 법 찌꺼기, 사상 찌꺼기, 노래 찌꺼기, 미술 찌꺼기를 핥으며 따라 다니는 허수아비 정신만 가르쳐 주었지. 헛된 위선의 옷, 허세 부리는 허영심, 어리석은 수치심, 형식만 남아 있는 말에 놀아나지 말고 철저하고 과감하게 정신적, 사상적, 예술적 정신에서 뛰어난 참으로 발가벗은 자기 혼을 찾아보아라.

무구(無垢)한 참 혼을 찾으면 무한한 세계가 열리며, 끝없는 즐거움이 생기며, 무한한 창작 정신이 터져 나올 것이며, 무한한 정신의 안정을 찾을 수 있을 것이다. 이것이 자기 구제인 것이다. 자기가 구제되었을 때 이웃도 함께 구제가 될 것이다.
용기 있게 이 세상을 리듬 있게 깊은 강에 펄펄 뛰는 잉어처럼 살아보아라. 하늘도, 여자도, 나무도, 노래도, 그림도, 병원도, 철학도, 고기도, 돼지도, 꿈도, 죽은 송장도, 예술도, 땅도 좋다고 달려들 것이다. 양손을 들고 말이다.
이 세상을 살면 천년 만년 살것 같지만 한낱 꿈에 불과한 것. 정신 바짝 차려서 부지런히 인생을 살아도 인생을 제대로 못살고 가는 것이지. 대대로 조상님과 옥황상제, 칠성님과 무당님께, 하나님과 부처님께 빌고 공자님과 신도님께 빌고 기도해도 절대 구원을 받기는 그리 쉽지 않지. 왜냐하면 어리석은 탐심과 어리석은 집착심과 번뇌를 버리지 못하면 문제도 당신 자신이 가지고 있고, 구원받는 것도 당신 자신이 가지고 있고, 책임도 자신이, 인생의 삶도 자신이 책임지고 살아야 한다.
태선아! 어서 차 한잔 따라라. 바늘귀도 들어갈 곳이 없는 한많은 세상이라지만 나는 좋아. 땡호야. 술잔이 넘치도록 부어 보아라. 이 세상 살아도 살아도 이 마음 채울 그릇이 없구나.
나는 십자로 네거리 허공벽에 옷을 홀랑 벗어 걸어두고 십자로 네거리가 내가 쉬는 안방이로다. 이 나라에 벼락 맞아 죽을 놈이 한

두놈이 아닌데 그놈이 살아서 하늘땅이 비좁다고 온통 설쳐대니 기가 차고 기가 차다.
나는 가끔 동서남북 없는 곳을 향해서 또 땅도 하늘도 똥구멍도 없는 곳을 향해서 실컷 고래 고래 욕을 퍼댄다. 벼락 맞아 죽을 놈들! 어미 열 번 붙어먹을 놈들! 3대가 멸종할 놈들! 하고 실컷 욕을 퍼댄다. 그러면 터질듯하던 머리와 가슴이 후련해진다.

대한민국 가갸거겨 또 가갸거겨
백두산 가갸거겨 또 가갸거겨
금강산 가갸거겨 또 가갸거겨
한라산 가갸거겨 또 가갸거겨
깊은 가슴속에서 피눈물이 흘러나온다
가갸거겨

또 어떤 때는 남산 꼭대기에 올라가서 동서남북을 없애 놓고 오줌을 총알처럼 싸갈기기도 하며 고래고래 욕을 퍼댄다.
허공을 향해 마구 퍼댄다. 허공도 욕을 듣다 못해서 귀를 막고 눈만 껌벅껌벅 한다.
허공도 도망을 가시면서 하시는 말씀이 욕도 시원하게 잘 나간다. 반은 미친듯이 반은 성한 듯한 모습으로 쓰레기통도 뒤쳐먹어 보고 가는 곳마다 미친개처럼 천대받고 살아보기도 하고, 실컷 미쳐

버리기도 하고, 알송달송하게 학춤이나 봉산탈춤을 덜석덜석 어깨를 추겨 가며 춤을 춘다.
지구도 좀 주물럭거리며 자기 물건도 좀 주물러 가며, 병신처럼 헛소리도 가끔 워, 워, 워, 콧물도 한 자쯤 흘렸다 올렸다. 콧물 곡예도 해보고 남자는 심심치 않게 가끔 여자에게 뺨도 얻어 맞아 보고 살란 말이야.
유머도 풍자도 깊은 산 속에서 흘러나오는 물처럼 여유 있게 살아 보란 말이야.
1970년 나는 대구에서 선림이라는 술집 아가씨를 사랑한 적이 있었다. 하루도 못 보면 보고 싶고, 서로 죽고 못살 지경이었다. 하루는 내 친구란 놈이 '중광도인 스님' 하면서 경산 갔다 올 일이 있는데 당신 애인과 같이 갔다 올 수 없느냐고 하기에 나는 그녀에게 어떻게 하겠느냐고 묻자 그녀는 기다리기라도 했다는 듯이 쾌히 허락했다.
나도 도인스님이란 말에 애인이 같이 가는 것을 거절하지 못했다. 도인소리 듣다가 속가슴은 끓어올랐다. 말은 못하고 벙어리 냉가슴 앓듯 앓고만 있었다.
내 애인과 친구 그놈은 어디로 달아나 붙어먹었는지 지금껏 연락이 없다.
나무아미타불
나무아미타불

허튼소리 70

부처님 성인 사표장을 내다

나는 하루아침 탁자 위에 앉아 계신 부처님이 불러서 갔더니, 2529살 되도록 살아도 살아도, 별 길몽도 없고, 솔직한 말 한마디 못하고 눈물을 주루룩 주루룩 흘리시며 하시는 말씀이,
"날이 한날같이 쌀밥 한 불기에 청수 한 그릇 내 앞에 떠놓고 장작불 피우듯 향을 마구 태워놓고, 온갖 복을 달라고 애걸복걸하니 정말 죽겠다. 향 연기 때문에 눈병이 걸리고 영양 실조되어 위장도 나빠졌다. 중광 땡초야, 내 말뜻을 알겠지!"
쇠고기 갈비하고 소주 한 병 법당으로 가져 오라 하신다. 그래서 '네' 대답을 하고 나는 부지런히 외국 쇠고기 냄새날까 봐서 한우 쇠고기 갈비 한 접시 굽고 소주 한 병에 상을 차려 올렸다. 이에 부처님이,
"중광 땡초야! 네놈이 제일이야. 아난보다 낫다."
나를 가리키며 엄지손가락을 보이며 '유 베리 굿' 영어 발음도 정확하셨다.
"쇠고기는 인도에서 못 먹어 보았고 한국에서 처음 먹었다. 소주 맛은 인도 것보다 훨씬 좋다. 담배는 거북선이 좋은 것 같지만 옛날에 봉초 잎담배가 그립다. 그리고 내가 할 말이 있다. 미한 인간

들이 나를 보고 복을 달라, 지혜를 달라, 재앙을 면하게 해 달라, 출세를 시켜 달라, 학교에 입학하게 해 달라, 아들을 낳게 해 달라, 온갖 방법을 동원해서 빌며 졸라대니 정말 괴로워 죽겠다. 내 무슨 큰 복주머니를 갖고 있나. 내가 무슨 풍운조화를 이루는 요술쟁이냐. 내가 가난 중에서 제일 가난한 천한 걸뱅인데, 멀쩡한 나를 귀신 마네킹 만들어 놓고 제사상 때문에 죽겠다. 오늘부터 성인(聖人) 사표장을 낼 작정이다. 성인 노릇도 더러워서 못해 먹겠다. 고양이 좆같은 놈들, 문둥이 코 같은 놈들."
하고 욕하시면서,
"성인이라고 입이 없나, 똥구멍이 없나. 먹고 싶은 것 마음대로 못 먹고 하고 싶은 것 다 못하고, 자고 싶은 잠 다 못자고 제약받으면서 한국에서는 못살겠다."
성인 사표장을 내 앞에 던져버린다. 어지간히 화가 나셨다. 나를 참성인 대접이 아니라 잠귀신처럼 대접하다니.
나는 사표장을 집어들고 엎드렸다. 너무 죄송해서 얼굴을 못들고 있었다. 한참 있다 얼굴을 들고 보니 부처님은 탁자에서 내려와 온데간데 없이 안개처럼 사라졌다.
나는 백방으로 여기저기 찾아다니다 보니 깊은 강원도 산골짜기 주막집에 앉아 술집 가시내와 어울려 인생은 일장춘몽인데 아니 놀고는 못살리라, 옛노래를 부르며 소주잔을 기울이고 있었다.

"중광 땡초야! 내 말을 들어보아라. 어리석은 중생들에게 꼭 잘 부탁한다.

첫째, 절대로 복을 추종하지 말아라. 복은 스스로 만들고 스스로 받는 것이다.

둘째, 재앙을 면하려고 어리석게 빌지 말고 재앙이 공함을 참으로 관하라. 재앙 속에서 진리를 찾는 지혜를 가져라.

셋째, 절대로 기적이니 행운이니 하는 요행을 기다리지 말라. 이 세상은 물 한 방울 공기 한 점도 공짜가 없으며 성실하게 피와 땀 값으로 보상을 받아라.

넷째, 네가 정말로 잘 살고 싶으면 자기 존재를 먼저 찾고 탐심을 끊어라.

다섯째, 나는 항시 사대가 공하고 어리석게 집착하지 말고 세상법이 덧없음을 가르쳤느니라.

위대한 인간 석가모니시여!

위대한 삼계도사 석가모니시여!

위대한 예수님의 참 친구시여!

내가 생각해도 한국에서는 성인 노릇하기 어려울 것 같습니다만, 우리 형제들은 예수교, 불교, 유교를 믿는 사람들이 많습니다. 그런데 종교 이름을 코에 걸고 다니는 사람, 귀에 걸고 다니는 사람, 입 속에 담고 다니는 사람, 가슴 앞에 붙이고 다니는 사람, 집

문간 앞에 붙이고 다니는 사람, 직장에서 팔고 다니는 사람, 절이나 예배당 백을 가지고 다니는 사람, 예수님 백을 가지고 다니는 사람, 부처님 백을 가지고 다니는 사람, 무당 백을 가지고 다니는 사람이 많고 많은데 무엇인가 크게 잘못된 것 같다. 우리 형제들 중에 참으로 가슴 속에서 믿는 신앙, 그리고 참으로 성인을 따르고 배우려는 우리 형제가 그리 많지 않은 것 같다.

부처님께서 말씀하신 다섯 가지 중에서 반이라도 꼭 지키려고 노력해 보겠습니다. 제발 성인 사표장을 거두어 주옵소서. 우리 형제들을 자비로 굽어 살펴 주시고 앞길을 열어 주시기를 바랍니다.

부처님 빠이빠이, 내년 캐나다, 아프리카에서 찾아뵙겠습니다.

허튼소리 71

거리가 다 미쳐버렸더라
허수아비들만 득실거리더라
주사바늘을
어느 하늘을 향해 꽂을 것이냐
주사바늘을
어느 땅을 향해 꽂을 것이냐
나는 가갸거겨
나는 가갸거겨

허튼소리 72

4대 聖人의 聖言을 잘 깨달음 없이
맹종, 맹신하며
기복하는 것은
독약을 먹는 것과 똑 같다
聖人도 실수가 있어야 凡夫와 통한다
부정해서 찾아 들어가야
들어 갈 구멍을
찾을 수가 있다.

허튼소리 73

뭇 사람들은 자기란 존재의 집착 때문에
자기 존재를 알지 못하고
착각에서 살고 있다
그러나 착각은 자유
내가 지껄이는 것도
아무 의미가 없다
착각이다
내 착각이다
내 착각이다
잘도 돈다 잘도 돈다
나는 가갸거겨
나는 가갸거겨

허튼소리 74

행복이란 놈은 참으로 요술쟁이다
주인이 찾으면 나오고
안 찾으면 안 나온다
행복은 자살 속에서도 찾아온다
행복은 원래가 없다
텅 텅 비어 있는 하늘
인도 하늘
서울 하늘

허튼소리 75

천진동자가 성불하다

옛날 옛날 옛말을 빌어서 허튼소리를 한다.
경남 어느 고을 절에서 큰 제를 지내는 날 많은 선남선녀들이 모여 들었다. 제를 다 끝마치고 스님들이 절 도량을 청소하다가 어린 사미 스님이 보살이 머물렀던 방에서 긴 음모 하나를 주웠다. 그 어린 스님은 더없는 여자 음모 보물을 얻었으니 정신없이 날뛰는 것이었다. 왜냐하면 옛날 스님들은 계율이 엄하기 때문에 여자들을 맞대어 얼굴을 보거나 말을 건네거나 방에 같이 앉아 본다는 것은 꿈같은 일이었기 때문이다. 더군다나 어린 소년이 여자 치마만 보아도 흥분하는 사춘기의 어린 스님이 음모를 주웠으니 가히 기쁜 그 마음 어찌 말로 다 하겠는가!
그 어린 사미 스님은 그 음모 냄새를 살그머니 맡아 보다가 서로 빼앗으려고 야단이었으나 그 털을 종이에 겹겹이 싸서 꼭 쥐고는 빼앗기지 않으려고 손 안에 꼭 잡고 잠잘 때도 자더니 내 몸에 칼이 들어와도 또 내 손이 짤리더라도 이 귀한 털만은 줄 수가 없다고 열심히 서로 지키는 것이다. 그리고 이런 일을 큰 스님들이 알면 우리들은 내일 당장 옷 벗겨 사찰에서 쫓겨 난다. 절대로 이 일을 비밀리 하고 쉬쉬 했다.

그러면 그렇게 중요한 보물을 개인적으로만 볼 것이 아니라 우리들도 가만히 보고 돌려주겠다고 사정하고 빌어도 보여 주지 않았다. 그래서 어떤 어린 스님이 또 말을 한다.

절 방에서 습득한 털이니 분명히 절 것이다. 그러므로 어느 개인의 것이 못된다. 공동으로 관람하고 공동 소유가 옳다고 여러 어린 스님들의 의견이 똘똘 뭉쳐 내놓으라고 하니 어찌할 수 없이 눈물을 머금고 내놓았다.

이 음모를 내놓으니 또 문제가 생겼다. 어떤 천진한 어린 스님이 이 털을 종이에 곱게 싸서 돌아가면서 하룻밤씩 냄새 맡고 같이 데리고 누웠다가 반납하자는 의견이 나왔다.

또 어떤 어린 스님은 이 음모를 칼로 짧게 잘라서 조금씩 나누어 갖자고 하는 의견이 나와 지배적이었으나 끝내 해결을 보지 못했다. 그런데 며칠 후에 지나가던 어느 객스님이 이 말을 듣고 그 털을 큰 가마솥에 푹 고아서 그 물을 먹으면 성불하고, 고추가 아픈 병도 고쳐지고 몸에 좋다고 귀띔해 주었다.

이 말을 들은 천진난만한 어린 스님들은 그것을 믿고 큰 솥에 그것을 넣고 돌로 눌러서 푹 고아 그 물을 한 그릇씩 따라가며 먹고 밤낮없이 관세음보살을 외면서 염불하니 어린 스님들이 다 성불해서 부처가 되었다. 그리고 객스님도 한 그릇 청해 마셨다.

객스님이 객실에서 쉬고 있는데 어떤 노스님이 찾아와서 감사하다고 인사를 드리는 것이다. 그 이유인즉 객스님의 의견이 아니었더라면 음모를 달군 국물 한 그릇을 못 얻어먹었을 것이라는 것이다. 만일 그 털을 잘라서 나누어 가졌더라면 이 늙은이에게 차례가 올 턱이 있겠느냐는 것이었다. 그 노스님은 그 물을 먹고 고질병인 허리가 펴졌고, 눈이 환하게 보인다고 하며 객스님에게 성불하시라는 말과 감사하다는 말을 연이어 하며 절을 하고는 돌아갔다. 이 세상에 이런 천진불도 다시 있을까?

그립다
천진불들이 그립다

나무아미타불
나무아미타불
나무아미타불

허튼소리 76

가야산 사자가
홍류동 계곡 물소리에
놀란 것은
三河盜人과는
관계가 없느니라.

(해인사 방장스님께 보낸 글 1970)

허튼소리 77

밤이면 뿌리 없는
언어를 뒤지다가
낮이면 가 없는
허공을 뒤지다가
떨어지는 별들을
바구니에 담아
동대문 시장에
장보러 간다.

허튼소리 78

먹을 갈며 마음을 간다

나는 수행으로 먹물을 갈며 마음을 조복 받았다. 먹물을 갈고 그것이 마르면 또 간다. 나는 먹물을 사용하려고 먹을 갈지 않는다. 몇시간씩 며칠씩 먹물을 갈아 두면 마른다. 또 어떤 때는 먹을 갈다가 기분이 나면 그림 작업을 한다. 밤중이라도 벌떡 잠자리에서 일어난다. 마음이 내킨대로 그림을 그려 댄다. 그리다 보면 먹물은 그대로 말라버린다.

1. 이 세상에서 벼루에 물을 넣고 정성들여 삼매에서 먹을 간 먹물보다 더 청정한 것은 없다. 그 빛은 태산보다 깊고 높다. 여기에서 정을 익힌다. 태산 같은 정이다. 무겁고 한없이 무겁고 깊고 아름답다.
2. 벼루에 물을 넣고 먹을 간다. 마음을 간다. 좋은 성질 나쁜 성질을 다 간다. 희비애락을 다 간다. 부처도 조사도 다 갈아버린다. 먹물 속에서 소를 찾아 산길을 헤치면서 달도 가끔 건져 낸다. 10년을 갈다 보면 구름도 건져 낸다.
3. 먹물 속에서 중광의 똥집을 샅샅이 보면서 종이 위에 먹을 갈려 넣어 보아라. 절대 어떤 사람도 거짓과 진실이 다 드러난다. 글이

나 말은 좀 속일 수는 있어도 종이 위에 그림이나 글씨, 낙서에는 그 사람의 운명과 성격, 그날 그 시간 죽을 운명, 행운까지도 사진처럼 나타난다.
나는 먹물을 갈면서 깨달은 각자(覺者)이다. 먹물을 갈면서 예술과 도를 깨달았다. 어리석은 마음을 다스리는 법도 먹을 갈면서 터득했다.

먹을 갈면서 달을 건진다
석가는 도망 간다
먹물은 박장대소하면서
요거나 먹고 가거라
요거나 먹고 가거라

이 세상에서 나보다 급한 성질과 고집덩어리를 가진 사람도 없고, 또 고약한 성질을 가진 사람도 없을 것이다. 이런 나쁜 성격을 먹물을 갈면서 조복을 받고 먹물 속에서 重光이를 건져 내었다.
 1. 절대로 먹을 자기 자신이 직접 갈고, 먹을 가는 시간에 완전 삼매에 들어간다. 나는 먹을 가는 시간이 제일 고요하고 좋은 시간이다.
 2. 먹물을 갈 때는 힘을 절대로 들이지 않고 지극히 자연스럽게

어떤 때는 누워서 옆으로 간다. 잠도 자 가면서 자다가 깨어나면 갈고, 자유자재로 구애받는 것을 싫어한다.

 3 먹을 갈 때 내가 가장 마음에 드는 여자와 같이 갈고 여자가 왔다갔다 치마바람만 스쳐가도 먹이 부드럽게 잘 갈리고 그림이 펄펄 살아서 종이에 그림 그리는 것이 아니라 종이 속에서 그림이 펄펄 살아서 뛰쳐나온다. 철철 넘쳐 나온다.
거기에다 음악과 춤이 겹치면 붓이 펄펄 살아서 춤을 춘다.
그 때는 내 바지 밑에서 좆이란 물건이 같이 살아서 팬티 밖으로 뛰쳐 나올려고 춤을 춘다. 그런가 하면 코는 돼지코에 눈알은 왕방울처럼 눈동자가 영화 화면처럼 절구통 같은 여자가 왔다갔다 하면 그것도 떨어져 앉은 것이 아니라 옆에 바싹 붙어 앉아 온갖 아양을 다 부려 대면 붓이 돌아가는 것이 아니라 어름막대기처럼 굳어 버리고 그림이 나오는 것이 아니라 그림이 종이 속으로 들어가 버린다. 그리고 내 바지 밑에 물건까지 불알은 물론이고 굳어 오므라져 버린다.

 이쯤 되면 그림이고 나발이고 그날은 일체 장을 다 보게 된다. 그림을 그리든 글씨를 쓰든 글을 쓰든 오입을 하든 간에 마음이 절대 편안하고 즐거워야 한다. 그리고 가끔 작설차 아니면 술, 담배, 여자, 음악, 춤을 즐겨 한다.
그림 그리는 데는 화가나 음악인이나 개나 고양이, 새나 고기들을 기르면서 또 그것들을 사랑하면서 자기를 아끼고 자기를 발견하라. 짐승들을 사랑함은 자기가 부족한 사랑이란 정신을 기르고 개발해 낼 수가 있다. 또 자기의 아름다움을 알 수 있다.

짐승을 지극히 아끼는 사람은 절대로 악한 사람이 없다. 선량들이 짐승을 좋아한다.

허튼소리 79

여자를 받드는 나라는 흥한다

여자를 받드는 나라는 흥하고, 여자를 학대하는 나라는 망한다. 여자를 잘 다스린 것이 아니라 여자에게 노예가 되었고, 그래서 한국 남자는 남존여비 사상과 자기 과시적인 못난 남자만 한국에 자랐다.

산아제한 문제는 영국, 불란서, 독일 등 유럽의 선진국들이 문제를 들고 나왔다. 나는 사회적으로나 국가적으로, 종교적으로도 깊이 문제를 연구한 것이 아니다. 나의 상식 소견에 불과할 뿐이다. 산아제한 문제는 반대로 아이를 많이 낳도록 권장하는 것도 산아제한 문제가 될 수 있다. 인구가 적은 나라에서는 얼마든지 있을 수 있다.

산아제한을 꼭 해야 한다는 문제를 실감 있게 볼 수 있는 것을 예를 들어보겠다. 서울 시내에서 7시 30분에서 8시경 출근 시간에 버스나 지하철을 이용해 보라.

우리들이 버스 지하철을 타고 가는 것이 아니라 문자 그대로 화물차에 짐짝을 콩나물처럼 실려서 가는 것이다. 문자 그대로 교통지옥, 아귀다툼 인간지옥, 바로 그것이다. 한국과는 같지는 않지만 일본 동경, 미국 뉴욕, 인도 등도 복잡하다.

이 세상에서 제일 무서운 것은 원자핵보다 인구팽창 폭발, 이것이 인간공해, 공포공해, 싸움공해가 더 무섭다. 산아제한은 철저히 되어야 한다. 산아제한은 국민 수준에 달려 있고 수준에 비례한다.
첫째, 독신으로 사는 사람은 노후에 복지대책을 마련해서 우선권을 준다. 그래서 많은 사람들이 독신으로 살 것을 유도한다(독신으로 사는 사람이 많으면 모든 분야별로 깊이 연구하는 사람이 많아 나오게 된다).
둘째, 여자가 아기를 낳고 양육하는 것은 어머니의 인생에 있어서 너무 희생을 시킨다. 따라서 국가에서 출산비, 양육비 등 지불할 수 있는 복지정책을 만들어야 한다. 어머니는 아기를 낳아서 세 살까지 양육하는 것을 직업으로 인정해서 국가에서 일체 부담해서 근심, 걱정없이 아기를 기르는데 노력하도록 후원해 주어야 한다. 아기를 낳고 양육하고 건강한 인간 자원을 생산하는 것은 이보다 더 귀할 수가 없다. 훌륭한 인재를 양성해서 국가에 이바지 하는 것은 국가의 재산이요, 기둥이다.
셋째, 아무 책임없이 아이를 둘 셋 낳는 가정에는 국가에서 엄한 제재가 가해져야 한다. 딸 아들을 절대 구분하지 말자.
넷째, 남녀간에 절대 시집 장가를 꼭 가야 한다는 관념에서 해방이 되어야 한다. 장가 시집을 가란 법도 없고, 가지 말란 법도 없다. 마치 우리나라 사람들은 시집 장가를 가서 집을 사고 살아야 사람 행세를 하는 것처럼 착각들을 하고 있다. 이런 착각에서 빨리 해방되자.
다섯째, 만일 시집 장가를 가되 꼭 아이를 낳으려는 생각과 대를 이으려는 생각을 어리석게 갖지 말자. 될 수 있는 대로 아이 없이 단란하게 재미있게 살자. 인생을 마음껏 향락하다가 갈 것이다. 인생은 꿈, 한바탕 꿈이다.
여자를 사랑하고 여자를 받드는 나라는 흥하고, 여자를 학대하는 나라는 망한다.
 ① 여자는 어떤 직업에서든지 해방되어야 한다.
 ② 여자는 종교 경전 속에서도 남자와 평등하게 경전 말씀도 수정되어야 한다.
 ③ 남자의 호적에서 해방되어 모계 호적으로 서로 자손을 승계할 수 있어야 한다. 또 재산도 역시 그렇다.
 ④ 여자는 남자의 동반자로서 모든 직업 권리, 의무 행사에 평등해져야 한다.
한국이 선진 조국을 만들려면 첫째 남녀 간의 성에서 해방, 성의 세계를 공개해서 자유자재하게 발표할 수 있는 사회가 되어야 한다. 성의 해방은 정신 해방, 건강한 정신 해방은 건강한 향락을, 건강한 사회를 만든다.
한국의 현실은 지혜가 부족해서 부부간에 성교뿐, 참다운 성의 세계가 사회적으로 해방이 되어 있지 않다.
여자는 어떤 직업에서도 해방되어야 한다. 직업에 권리가 보장되고, 인격적으로 대접받고 자신 있게 긍지를 갖고 밝은 여자들이 많아야 이 사회는 밝아진다.
여자는 약함으로 서비스업에 종사를 많이 하게 된다. 다방, 술집, 기생, 창녀, 이런 직업에 있는 여성을 절대 멸시하거나 죄악시 하는 남자들은 물론 여자들까지 세상팔자 취급을 하고 있다. 이런 관념에서 해방되어야 어떤 직업이든지 일하고 잘살 수 있는 것이며, 좋게 보아야 하는 사회가 되어야 한다.
선진국이 되려면 밝고 명랑한 여자들이 이 사회에 많아야 한다. 왜 이런 말을 내가 하게 되었는가 말하겠다. 지난 몇 년간 생각한 나머지 이 글을 쓰게 된 것이다.
나는 술집, 요정, 청녀촌, 다방 마담들, 서비스업에 종사하는 여자들과 연애도 꽤 많이 했고, 진한 사랑도 해 보았다. 그러면서 생각해 보았다.
한국 남성들은 술집, 요정, 기생들과 같이 놀고, 한국 남자처럼 여자들로부터 대접 잘 받는 나라도 없다. 또 한국 여자처럼 서비스를 잘해 주는 나라도 없다.
한국 여자들은 치마 밑 물건까지 통째로 바치는 인정과 애정이 있다. 한국 남자들은 요것조것 입맛대로 볼 것 다 보고, 잘 놀다가 그 집에서 일단 나오면 그 여성들을 아주 3등 물건 취급하듯 추하게, 천하게, 죄악시하여 물건 취급하는 남자들이 전부라 해도 과언이 아니다.
이와 같은 생각과 의식 구조가 대단히 간악하고 수준 이하의 야만적인 행동이다. 자기들에게 직업여성으로써 정신적으로 육체적으로 정성껏 봉사해 드린 것 말고 인간 이하 그리고 돈으로만 취급하는 것을 한국 남자들은 반드시 고쳐야 한다.
어떤 여성이든지 직업에 귀천 없이 부지런히, 성실하게 열심히 일하면서 사는 여성은 존경하고, 사랑하고, 용기를 주고, 긍지를 가지고 살 수 있는 사랑을 주어야 한다.
여자가 여자로써 태어난 것도 서럽거니와 직업에서까지 굴레를 씌워 천대받는 것이나 다름없다. 죽을 때까지 산다는 것, 너무나 가혹하다고 생각지 않는가?. 예를 들어 말하면 부산, 대구, 서울, 마산, 강원도, 제주도 등 관광지를 대상으로 잠깐 생각해 보자. 요정, 술집, 빠, 창녀촌 등 서비스업에 종사하는 여성이 얼마나 많은가. 놀아 보고, 술 먹어 본 사람은 다 안다. 정확한 통계는 없어도 얼마든지 알 수 있다. 이런 직업에 종사하는 연령층은 18세부터 23~25세까지 미인들이다.
물론 중·고·대학교를 졸업한 처녀들이 태반이다. 이 직업에는 25세면 늙은 층에 속한다. 정년퇴직이 최단명 직업에 속한다. 왜냐하면 이 직업에 종사하는 자격이 첫째 젊은 처녀여야 하고, 둘째 미인이어야 하고, 나이가 어려야 하며, 18~23세중 중·고등학교는 나와야 하고, 이런 많은 젊은 여성들이 뭇 남성들의 무릎에 앉아 웃음을 팔고, 눈물을 팔고, 몸을 팔고, 마음을 팔고, 팔자 사주를 팔고, 직업을 팔고, 본의 아닌 웃음을 팔고 우리나라 이조 5백년 이후로 계산해도 우리 민족의 많은 여성들이 수모를 당한 여자가 얼마나 되겠는가? 전국을 대상으로 생각해 보면 엄청난 숫자이다. 그러면 어떤 문제가 생기나 생각해 보았다. 왕할아버지, 할머니, 삼촌, 부인, 친척, 어디 걸려도 다 걸려 있다.

이런 서글픈 일도 있다. 그런데 문제는 어떤 직업난에 술집, 요정, 창녀촌, 기생이란 직업을 가졌다고 보았는가?. 과거 경력에나 현 직업에 말이다.

결혼하고 같이 사는 여자 가운데 또는 이웃에 사는 여자 가운데 말이다. 여성들이 이 한 가지 더럽게 생각하는 직업을 속이기 위해서 열 가지, 백 가지 철저히 속여야 한다. 철저히 자기를 속이면서 사는 것보다 이 세상에서 괴로운 것은 없다. 자기 근본을 속이다보니 일생을 속이고 속아 산다. 비참하게 비운에 간다.

이런 결론이 내려진다. 그러면 전부 직업 관계로 양심을 속이고, 법을 속이고, 사회를 속이고, 하늘을 속이고, 땅을 속이고, 자기 남편을 속이고, 자기가 난 아들, 딸들을 속이고, 친척을 속이고,

이웃을 속이고, 친구를 속이고, 남편을 속이고 이렇게 일체를 속이며 사는 심정은 얼마나 괴롭겠는가? 그 심정, 그 고통, 그 번뇌, 끝내 죽을 때까지 속이는 자기 합리화, 참회하는 의미에서 절간 아니면 교회에 나가는 사람이 부지기수다.

이와 같이 철저히 자기를 지키고, 경쟁이 치열한 사회에서 낙오없이 피와 땀으로 살아가는 인내력이 얼마나 가상하고 아름다운 마음씨인가?

한국의 남성들이여! 생각해 보았는가. 이와 같은 여성들이 1년에 몇 만명씩 번갈아서 생겨나는 직업여성, 수백년간 원한을 지닌 여성들 말이다. 지금도 늦지 않다. 여자들에게 사죄하자, 반성하자, 정신 차리자, 정신을 개혁하자, 여자들을 자기 종처럼 자기 물건처럼 착각하고 사는 사람들은 명심할지어다.

여러 서비스 직업에서 종사하는 여성들을 나쁜 직업 관념에서 해방되고, 직업여성들은 떳떳하게 권리를 찾아 양성적으로 인정되어야 한다. 짧은 시간 화대는 값이 얼마? 긴밤 화대는 얼마? 수입과 동시에 세금도 철저히 납세해야지요. 이렇게 분명히 직업적 의식을 가지고 떳떳하게 성실하게 살아야 한다. 언제든지 직장과 가정과는 분리되어야 한다. 여자들도 열등적 직업의식 관념에서 뛰어넘어야 한다.

화류계에서 세금을 많이 낸 여성은 틀림없이 미인이며, 돈도 잘

벌고 잘난 여걸임에 틀림없다. 자랑할 수 있는 직업여성이 되어야 한다. 여기에서 해방되지 못하면 또는 관념에서 뛰어넘지 못하면 과거의 죄의식 때문에 직업적 열등관념 때문에 숨어살면서 그 어두운 그늘 속에서, 불안 속에 살면서 그 여자의 몸에서 난 아들 딸이 어떤 아이가 나오겠는가?

여자는 남자의 종도 아니요, 소유물도 아니요, 남자와 같이 살아갈 동반자이다. 함께 권리를 누릴 자유와 인권을 누릴 수 있다. 이런 권리를 찾기 전에 여자로써의 의무를 성실히 하면 권리는 자연히 찾게 된다.

한국의 남성들이여!

절대로 여자를 비참하게 만들지 말라. 비굴하게 취급하지도 말라. 건전하게 지성적, 인격적으로 대접하라. 사랑으로 대하라. 여성들의 수준이 높아지고 인내성과 사랑이 없으면 자녀를 낳고 양육하는데 완전 제로가 된다.

이렇게 되면 우리나라의 기둥이 될 젊은 청년들에게 건전한 기대를 걸 수가 없다. 이러한 것은 국가의 장래, 흥망성쇄가 좌우되는 문제이다. 우리나라는 앞으로는 자녀 교육에 예산을 많이 투자해야 한다.

문제는 어떻든 여성 지위가 향상되고 교육적 수준이 높아지고 여성을 위하는 사회가 되어야 반드시 선진국이 될 수 있는 것이다.

허튼소리 80

일곱 발자욱 부처님 탄생
검은 고무신 5천원
우는 죽에서 청산이 놀고 있다
소주 한잔 광어회에
4월이 미쳐 돌아간다
물가가 올랐다
거지도 1000~10000원씩 주어라
고양이는 저금통장을 물고
도망을 갔다
하늘과 땅이 오입을 하다 들켜
얼굴이 빨갛다
법당에 돌부처 콧소리가 높다.

허튼소리 81

나는 똥도 서말
내 자랑도 서말
나는 참말도 거짓말도 서말
나는 이래도 저래도 서말
나는 소주 한잔에
더덩실 더덩실 서말
하늘도 땅도 서말
나는 여자도 서말
남자도 서말
나는 죽음도 삶도 서말
나는 사기도 진실도 서말
나는 이래도 가갸거겨
나는 저래도 가갸거겨

허튼소리 82

시장바닥에서
모든 여자의 옷을
알몸으로 벗겨라
그것을 실컷 보고
숲속마다
실컷 핥게 하라
그리고
여자마다 가지고 있는
물건을 사주고 보게 하라
그 어려운 여자들과
같이 살게 하라
삶이 무엇인지.....

허튼소리 83

코끼리가 등허리에 앉아 있는
매미를 보고
야, 매미야 얼른 등허리에서 못 내려오겠니?
안 내려 오면 활로 쏠 것이다
이 소리를 듣던 하루살이가
박장대소하며 하시는 말씀이
세상에 오래오래 살다보니 별소리 다 듣네
나는 이 소리를 며칠 생각해 보았다
하루살이가 나보다 선지식이구나
크게 깨달았다
나는 1980년 하루살이 선지식님께
삭발염의하고 귀의했다
나는 오늘까지 50년 100년 살아야
오래 사는 줄만 알았다
알고 보니 아니다, 아니다, 아니다
하루살이보다 더 오래 산 것이 아니다
하루살이가 죽으면서 유언이
내가 하루만 더 살았더라면
1988년 서울올림픽 하는 것을 꼭 볼 텐데
내가 유언장을 받고 보관중이다.

허튼소리 84

사랑하는 여인이 찾아 왔네
여관비도 없어서 갈 곳이 없네
변소간 뿐이었네

변소간 초특급 홀에서
우리들은 한몸뚱이에
네다리가 되었네
이어서 변소간이 무너지는 소리

이 밤을 꼭 껴안은채
죽고 싶었네
꼭 죽고 싶었네

온통 축복이 하얀 밤
눈이 펑펑 쏟아지고
극락 천당이 변소간에
왔다갔다 하네.

허튼소리 85

베토벤 교향곡 9번에서 앙상한
겨울나무 가지에서 삭풍이 몰아치며
함박눈이 펄펄 쏟아지고 있다

남자들이 자지를 면도로 오려내어
도나스처럼 먹어도 시원치 않은
끝없는 애욕 깊고 깊어
성은 예술의 경지에 이르렀다

태평양 고기와 대서양 고기들은
벌써 3차 대전 실험전이 끝났다

지구가 내일 종말이 오더라도
나는 오늘 사과나무를 심겠다는
스피노자의 준비가 아니더라도 다 같이
2천년 후에 우주세계에서 벌어지는
일들을 대비해야 하겠다
16, 18세기 전 사상과 철학들을
도서관 보물장에 서서히

진열해 두고 말이다
나는 80년도 국제 여자의
삼보 시찰을 한 적이 있다
삼보 모양과 색깔이 가지가지
제각기 나라 특성을 갖고 있었다
그러나 한결같은 음모 공통점은
이빨이 없는 것이 특징이었다.

허튼소리 86

종합비타민 종교란 무엇입니까?

사람들은 종합 비타민을 좋아하는 경향이 많다. 종합 비타민은 비타민을 골고루 섭취할 수 있을 것으로 보아 건강에 많은 도움을 주는 약이다.

나는 종합적으로 종교를 믿고 섭취, 수용하는 것을 폭넓게 믿고, 폭넓게 알고, 폭넓게 사는 폭넓은 사상을 갖는 것을 종합 비타민 종교라 하고 싶다.
유교·불교·예수교·도교·무당·회교·유태교 등 여러 종교를 깊이 믿고 연구하는 것은 좋거니와 또 자유다.
어떤 종교든지 성경에는 좋은 말씀들이 너무도 많다. 이런 좋은 말씀들은 인생을 살아가는데 정신의 양식, 더 나아가서 사상의 중요한 약이 될 수 있다.
교육이나 생활해 나가는데 있어서 어떠한 종교든지 그 사상을 존경하며 내 인격인 내가 믿는 종교를 사랑하듯 다른 종교도 수용해야 한다. 결코 타종교를 이단시하거나 사탄이니 외도니 사도니 하는 것은 참인간을 사랑하는 것이 아니다. 타종교를 이단시하고 멸시하고 죄악시 하는 것은 독선적이며, 편파적이며, 맹종적이며,

맹신적이며, 상식 이하의 행동이다. 이러한 정신적 병에 걸리면 구제 불능한 폐인이 되고 만다.

또한 편파적인 그물에 걸리면 세상을 일체 바로 볼 수가 없다. 100% 가운데서 1%밖에 보지 못한다. 왜냐하면 자기의 종교관으로 타종교나 타사상이나 다른 사물을 관찰할 때 한 모퉁이밖에 볼 수 없는 반 장님이 되고 만다.

특히 한국 사람은 이런 편벽심과 종교를 맹신, 광신, 혼이 없이 믿는 종교인이라 해도 과언이 아니다. 거기에다 창의력과 모험심이 없는 주입식 교육, 허수아비, 꼭두각시 생활이 겹치니 정신적으로 병들대로 병든 사람들뿐이다.

참 종교인이 되려면 종교인이 되기 전에 참인간이 되어야 한다. 종교 때문에 부모나 형제자매들끼리 싸운다는 것은 얼마나 불행한 일인가? 종교는 인간을 위해서 존재하는 것이지 인간이 종교를 위해서 존재하는 것은 아니다. 따라서 인간들끼리 종교 때문에 불화한다는 것은 종교를 잘못 믿고 있기 때문인 것이다.

한국 방방곡곡의 집집마다 보면 예수교·불교·천주교 등 이런 종교를 믿는 집이라고 아예 문밖에 문패를 붙여 종교 때문에 인간이 종교를 차단시켜 버리고 있다. 종교 때문에 인간 교류가 차단되는 것이다. 그러므로 대화가 끊어진다. 대화가 끊어지는 것은 불신이나 아니면 무관심을 나타낸다. 불신은 단순히 불안만 조성할 뿐 아니라 이런 사람들이 입만 열면 인류를 사랑한다, 이웃을 사랑한다, 나라를 사랑한다고 한다. 이런 사람들의 소리는 눈감고 아옹하는 한마디로 넌센스다.

서구 유일신 종교를 신봉하는 사람들은 만물이 신에 의해서 창조되고, 신에 의해서 구원을 받고, 신에게 기도한다는 서구의 종교관을 타종교인은 무신론자라고 비난하거나 종교가 아니라고 하는 것은 대단히 무식하고 참 종교인으로서 할 처사가 못된다.

하늘을 믿던 자연을 믿던 범신을 믿던 조상을 믿던 운명을 믿던 숙명을 믿던 불을 믿던 고목을 믿던 또 산신을 믿던 어떤 종교이던 자기 마음이 편안해서 구제를 받으면 그것으로써 종교로서의 할 일을 다한 것이다.

어떤 종교든지 잘만 믿으면 구원을 받는다. 왜냐하면 문제도 자기가 가지고 있고, 문제 해결점도 자기가 가지고 있으며, 그 문제의 해결로 인한 구원도 결국은 자기가 받는 것이다. 늘 자기 확인이나 종교를 구원하는 마음 없이 종교를 수용할 수 있어야 바른 종교관을 가질 수 있는 것이다.

세상은 마음대로 되는 것이 아니다. 마음대로 되었더라면 이 세상은 벌써 멸망했을 것이다. 사람의 탐심은 끝이 없고 간사해서 그렇다. 사람이 이 세상에 나면 반드시 죽는 것. 흥망성쇠 병고가 꼭 따르는 것. 평화도 전쟁도 이 세상에는 꼭 있어야만 하게 되어 있다.

이 세상에는 평화만 존재할 수 없다. 평화에 상반되는 전쟁이 꼭 따르도록 되어 있는 것이 세상법의 이치이다. 놀라지 말라. 내일 이 지구에 종말이 온다 해도 다 이치 아닌 것이 없거늘, 세상은 꼭 살라는 법은 없다. 죽고살고 흥망성쇠, 변화무쌍한 것이 이 세상 법칙이다. 앞으로 전쟁은 종교전쟁으로 많은 사람들이 죽어갈 것이다.

종교 전쟁은 무섭다. 종교를 잘못 믿고 종교를 모르기 때문에 종교 전쟁을 하는 것이다.

종교를 잘 알면 화합하게 되고, 종교를 잘못 믿으면 불신 · 불화만 조성하는 싸움의 씨가 되고 만다.

종교 전문가들이 입만 열면 이 세상은 말세다. 말세가 가까웠으니 회개하라. 그러면 천국이 나의 것이라고 외쳐댄다. 이렇게 살기 좋은 세상을 살면서도 세상의 은혜를 모르고 입만 열면 말세라느니 상법시대니 한다. 멀쩡하게 잘 살면서 정신병자를 만들고 있다. 이 말은 이 지구가 멸망할 때나 들먹거릴 말이다. 아무리 세금이 붙지 않는 말이라지만 너무 낭비한다. 이렇게 말하는 종교 전문가들에게 먼저 죽으라고 하면 그 먼저 도망을 할 것이다. 이 세상을 실컷 잘 살면서도 그런다. 종교의 횡포가 이 지구상에 너무 심한 것 같다.

'신의 횡포도 21세기에는 인류에게 심판을 받을 날이 올 것이다.'

신의 횡포가 인류의 정신을 말살하고 인류 간에 종교 싸움을 붙이고 있다.
신이여 회개하라!
참으로 평화를 사랑하려면 어질고 어진 인류에게 전지전능 절대란 말은 전부가 신의 횡포임을 알라.
이 말에 인류들도 혼을 잃고 방황하며 오늘도 내일도 고민하며 정신적으로 완전한 자유를 못 찾고 있다. 이것은 정말 신의 큰 횡포이다.
원시 농업군주 시대에는 우매한 인간들에게는 절대적인 존재, 절대 전능한 불가사의한 신 또는 위대한 권위로 이 세상 중생을 제도하는 것이 통했지만 지금은 21세기를 달리는 마당에서 충분히 설득력 있는 사랑이 있어야 한다. 스스로 믿을 수 있는 환희심이 날 수 있는 자유의 정신을 주어야 한다. 그리고 신은 우리와 같이 살며 우리와 같이 호흡되어져야 하고 같이 죽어야 하는 참사랑이 있어야 영원한 것이다.
신은 같이 살고 같이 죽을 수 있는 휴머니즘적인 것이 있어야 한다. 사람은 신(神)과 같이 숭고하고 성스럽고 위대한 것이다. 신을 만드는 것은 사람이다.
사람은 싸워서 승리하는 것을 좋아하는 동물이다. 사람은 명예와 권세, 재물, 애욕에 간사한 동물이어서 이 모든 것을 다 가지려고 싸우게 되므로 원래 평화스런 동물이 아니고 선천적으로 싸움의 씨를 가지고 태어났기 때문에 사람이 살아 있는 동안 이 지구상에는 싸움이 끊일 날이 없을 것이니 평화 또한 영원히 없으리라.
종교의 참뜻을 잘 모르고 또는 종교를 창조주 신을 숭배하는 유신사상만이 참 종교라고 믿는 것은 독선적이며 배타적이며 맹신, 맹종적인 우매한 신앙관이다. 특히 그리스도교에서 더욱 심하다. 종교를 진실하게 잘 믿는 선량한 사람은 선량한 국민이 되고, 선량한 국민의 선량한 국가, 수준이 높은 나라를 만든다.
그런데 종교를 광적이고 기복적이며 맹신적으로 너무나 우매하게 종교를 믿어서 날이 갈수록 종교인들이 간악하고 교활한 종교인들이 많다. 종교를 순수한 신앙으로 믿는 것이 아니라 국가적, 사회적, 개인적 생활수단으로 이용하는 악덕 종교만 범람하고 있다. 크게 개탄할 일이다.

뉴욕에서 있었던 일인데 KAL기 사고로 희생된 영가를 위해 한인 교포 단체에서 위령제를 지내던 중의 이야기다.
단체 중에는 목사님이 몇 분 있었고, 또 스님도 한 사람 끼여 있었던 모양이다. 위령제 시작하기를 기다리고 있던 중 어떤 목사가 이 행사에 스님이 참석한다면 목사들이 돌아가겠다고 하자 주최 측에선 목사님들을 설득하다 못해 마침내 스님더러 행사에서 빠져 주도록 종용해서 스님을 내보내고 목사들만 기도를 했다는 것이다.
이역만리 미국까지 가서 이런 추태와 몰지각한 횡포를 부렸다는 일은 일반인들로서는 양심상, 예의상, 도덕상으로 상상도 못할 일이 아닌가.
종교 지도자들의 이런 치졸한 행위를 하는 자들에게서 신앙을 배우는 신도는 더 말해서 무엇하겠는가?
한국에선 참다운 신앙생활을 하는 수준으로 보아 불교인이든 예수교인이든 유교인이든 극히 소수라고 본다.
우후죽순처럼 교회나 절이 많이 생긴다는 것은 결코 바람직한 현상이 못된다. 참 종교인, 참으로 믿는 사람들에게는 자기 집이 교회가 되고 성당도 되고, 절도 된다는 사실을 깊이 새겨 볼 일이다.

허튼소리 87

나는
극락, 천당, 지옥, 연옥, 별천지 나라에
관광객을 모집하고 갔다가
온 일이 있다
험난한 지옥 길을 발톱으로 걸어서
극락, 천당의 장엄한 궁전을 참배하고
무간지옥, 화탕지옥, 독사지옥을
골고루 돌아보았다
그런데 이상하게도 지옥마다
극락, 천당마다 텅텅 비어
황폐해 있었다
극락, 천당, 지옥에 있는 당국자들에게
이 사실을 물어 보았다
왈 15, 16세기에는
천당, 극락, 지옥 문제를 많이 다스렸지만
지금은 지구가 그대로
천당, 지옥, 극락이어서
즉결재판 받도록
이관되었다는 것이다

그래서 우리 일행은 돌아오는 길에
'천년 재판의 심의건'
지옥의 미결수 관리소 앞
게시판에 붙어 있는 것을 보았다
나는 놀라서 지옥관리소 안
재판소를 들여다보았더니
석가, 예수, 공자 등
눈에 익은 성인들이 앉아 계셨다
기소된 이유를 물어 보았더니
조달, 도척, 빌라도의 솟장에 의해서
기소된 것이라 한다
나는 몹시 놀랬다
이 지구상에서는 못들어 본 일이다
죄명이 무엇이냐고 물어 보았더니,
① 오직 나를 따르라, 나를 믿는 자만이 구원받을 것이요
나를 믿지 않는 자는 멸망할 것이요(사기죄)
② 나 외에 딴 것을 믿거나 추종하거나 숭배하는 자는
마구니요, 사탄이요, 외도요, 사도요(언어 폭력죄)
③ 자기들 종교만 참 종교처럼 타종교를 불신 · 불화로 종교끼리
종교 싸움으로 붙인 죄(종교 싸움을 붙인 죄)

④ 인간들을 영원히 영생케 구제해 준다고 떠들어 댄 죄(어리석은 인간을 현혹시킨 죄)
⑤ 믿음만이 살길이요, 믿음만이 구원을 받을 것이요, 믿음만이 생명의 길이요, 믿음만이 모든 일이 잘될 것이요.
(어리석은 사람의 혼을 완전히 뺏어간 죄)

성자님들이 이 재판을 끝을 내려면
기소된 내용 5건을 경전 중에서 삭제할 것이냐
아니면 병보석으로 가석방할 것이냐
아니면 몇 백년 재판이 계속될 것이냐가 의문이다
나는 이 문제를 이승에 가지고 와서
20세기 최대의 지상 문제로 제기하려고 뛰어나왔더니
지옥문 앞에서 나는 잡혔다
당신의 혀를 빼어서 보관해 두고 가라는 것이다
왜냐고 했더니 지옥 문제 비밀을 누설할 우려가 있다고
한국 사람들은 거짓말도 잘하고
법도 잘 안지킨다는 것이다.

저 지옥을 보아라
아프리카, 인도 지옥에는 남자들 성기가 가득하다

고놈을 잘못 써 아이를 마구 까놓은 죄 때문이다.

저 한국 지옥을 보아라
한국 지옥은 법을 만들어 놓고 그 법을 안 지킨
중죄인들 혓바닥이 많이 와 있다
저래도 못믿겠는가?
나는 겨우 사정을 해서 혓바닥 빼는 것은 면하고
지옥 관리부에 각서를 써주고 나오다 보니
닭 재판소, 소 재판소가 보였다
닭들이 재판을 받고 있는 것을 보았다
재판소에서 한 마리 장닭이 재판중이었다
그 장닭의 죄명은 갓난 아기를 죽였다는 것이었다
조그마한 요람에 누워 있는 갓난아기 머리를
장닭이 쪼아서 죽였기 때문에
증인이 나가 여러 가지 증언을 했다
불쌍하게도 장닭이 유죄 판결이 내려
처형이 되었다. (탈무드 경전중에서)

이 말은 아무리 말 못하는 동물 닭이라 하지만
살인죄란 유죄가 판결되지 않는 한

간단히 죽여버릴 수가 없다는 것이다
아무리 큰 죄를 지은 사람이 죽었더라도
그대로 두면 안된다. 절대 시와 비는
법 앞에서 심판을 받아야 한다
한국 지옥 혓바닥도
재판을 기다리고 있다는 것이다.

또 소들이 재판을 받고 있었다
재판 내용은 詩 글에 대한 것이었다
나는 글이 무슨 죄를 지었는지 궁금해서
끝끝내 지켜보았더니
염라대왕 앞에서 글자들이
서로 삿대질을 하면서 큰 소리 지르며 뛰어 다녔다
오래 살다보니 별일 다 본다.

철모 속에서 황소 한 마리가 태어나더니
건강하고 밭도 잘 갈고
성실하여 하나님도 좋아하더니
황소가 열 살이 되어
엉덩이에 뿔이 두 개 나더니 교만스럽고

얼굴에 개기름이 번질번질하다
마을 정자나무도 돌아앉고
여자들 빨래터도 쑥덕쑥덕하더니
열 네살 먹더니 다리마다
뿔, 뿔
머리에 뿔, 엉덩이에 뿔, 앞다리에 뿔
뒷다리에 뿔
뿔, 뿔, 뿔, 뿔, 뿔, 뿔
온통 뿔이다. 온통 살기뿐이다
온통 어용들뿐이다.

소를 치던 목동들은 혼비백산하여 다 도망을 가고
완전 미친 소는 천지가 좁다고 설쳐대더니
하늘도 돌아앉고 부처도 돌아앉고
믿음도 돌아앉고
황소는 스스로 꺼꾸러지고
황소는 스스로 꺼꾸러지고.

이 글들이 알 수 없는 비밀 주문을 외우면서
외쳐대면서 염라대왕에게 항의하고 있었다.

허튼소리 88

하늘의 눈을 가려 놓아도
땅의 입을 막아 놓아도
허공을 밧줄로 묶어 놓아도
가을에 지는 낙엽은
가을에 진다

봄에 필 꽃과 새소리는
봄에 피고 봄에 운다

나는 낙산사 의상대에 앉아
낚시대를 드리우고
나를 낚는다

동해바다에 둥둥 솟아나는
불덩이를 낚는다
가끔 관음조도
왔다갔다 한다.

허튼소리 89

사랑하는 팔공산 동화사를 떠나면서
대구여 잘있거라
5년간 정든 땅 왔다 가누나

스님 지금 가시면 어디로 가십니까?
저 흘러가는 구름보고 물어 보소

인연이 있으면 만나시겠지요
만나기 싫은 사람이라도
인연이 없으면 못 만나시겠지요
만나고 싶은 사람이라도
인연이 없어 만나고 싶은 사람
못만나 괴롭고
인연이란 이렇게 거미줄같이
얽힌 그물인가 봐요.

허튼소리 90

너는 멋이 있게 살고 싶지 않느냐?
저 흘러가는 구름은 임자가 없어 좋다.

너는 멋이 있게 사랑하고 싶지 않느냐?
참사랑은 뜨거워도 모양이 없어 좋다.

너는 멋이 있게 담담하게 연애하고
싶지 않느냐?
왕대밭에 바람이 설렁설렁 자취 없이
지나가듯.....

허튼소리 91

이 글은 내가 죽은 뒤에 한국 여성들에게 드리는 선물이다.

때는 1984년 8월 서울 상계동에서 만난 귀한 사연이다. 내 가슴 속에 뜨겁게 내 무덤 속에만 가지고 간다면 큰 죄가 될 것 같아서 내가 죽은 다음에 드리는 참 선물이다.
사막처럼 바삭바삭 깡마른 세상에 규격품처럼 아니면 혼이 없는 모조품들만 설치고 여우같은 여자들의 허영심만 득실거리는 이 세상에······
참 생명으로 태어난 참혼을 가진 이름 없는 여인을 만남은 하나님의 은총이 아닐 수가 없다.
나는 어느 날 상계동 S집에 갔다가 어느 한 여성을 만났다. 나는 그 여자를 보는 순간 그만 넋을 잃고 말았다. 새벽 4시까지 말이다.
나는 그 여자에게,
"이름이 무엇이지요?"
하고 신부걸음처럼 조심스럽게 물어보았다. 그 여자 대답이,
"나는 X을 3개 가진 여자입니다."
하고 조용히 대답을 했다. 나는 다시,
"X을 3개라니 어떤 X이요?"
하고 물었다. 그 여자는,

"한 X은 남자의 X을 먹고, 둘 X은 남자의 마음을 먹고, 셋 X은 이 지구를 통째로 먹습니다."
고 말했다. 나는 이 소리를 듣는 순간 이 지구가 무너지는 것 같았다. 나는 다시,
"학교 다니실 때 취미는 무엇이었습니까?"
하고 물었다. 그녀는,
"나는 홀래하는 애로틱 성박사입니다."
하고 말했다.
"집 전화번호는요? 그리고 언제 전화를 올리면 됩니까?"
하고 묻자,
"76X-1956입니다. 전화는 밤 2시부터 아침 9시까지 주시면 됩니다."
고 대답했다.
말솜씨와 때 한점 묻지 않은 깨끗하고 시원하게, 그리고 정직하고 명랑하게 흘러나오는 그녀의 목소리에 나는 완전히 넋을 잃고 집으로 돌아왔다.
나는 이 세상에서 제일 멋이 있게 산 남자 중에 남자라고 자부했는데… 밥을 먹나 자나깨나 내 머리에 온통 그녀의 모습만 뱅뱅 돌고 있었다. 나는 며칠 내 전시를 끝내고 뉴욕에 갈 준비가 급한데…

1984년 9월, 나는 대전에 내려갈 일이 있어 성박사와 함께 동행하게 되었다. 성박사는 어린이를 위한 일이라면 어디든지 간다. 그리고 어떤 일이든지 해댄다. 그녀는 불속에라도 뛰어들 것이다.

대전에 도착하여 내 친구 스님과 자리를 같이 했는데 내 친구 스님이 성박사에게,

"애인 하나만 구해 주십시오."

하고 조크로 부탁했다. 그 말이 떨어지자 성박사는,

"내가 사랑을 중광스님과 같이 갈라서 애인 노릇을 해드리면 안 될까요?"

했다.

이 대답에 친구 스님은 껄껄 웃으시며,

"과연 중광스님과 같이 다니시는 여걸이라 확 트인 화답이시다."

라고 크게 웃어 댔다.

또 어느 날 김목사로부터 성박사한테 전화가 걸려 왔다.

"성박사님! 요즘 시간이 있습니까? 나는 시간이 많이 있어 만나고 싶은데…"

성박사 답하는 말씀이,

"우리 유아원에 있는 애들한테 문제가 생겨서 고민입니다. 시간이 없군요."

하고 말하자, 김목사께서 성박사에게,

"성박사님, 아이들 데리고 기도나 열심히 하세요."

하고 말한다. 이에 성박사는,

"시간이 많으신 목사님이나 기도 잘 하세요."

하고 한방(棒)을 내리쳤다.

성박사의 말인즉, 기도라는 것은 사치스럽다는 것이었다. 기도하는 마음으로 진실한 생활 자체가 참기도라는 것이다.

성박사의 말에 김목사는 껄껄거리고 웃고 말았다. 김목사와 성박

사 간에 주고 받은 말에 전광석화처럼 지혜가 번득거리는 화답활구(和答活句)가 번쩍거렸다.

어느 날 나는 자주 다니는 여관에서 성박사와 내일 밤 8시에 만나기로 약속했다. 그래놓고 나는 다른 여자를 데리고 오전 11시쯤 그 여관에 갔다. 내가 항시 이용하는 방이라서 방문을 노크 없이 확 열었다.
문이 잠겨 있지 않았다. 순간 나는 멈칫했다. 눈 앞에는 성박사와 평소 내가 아는 의사와 연애를 한바탕 하고 홀랑 벗은채 의사의 목에 넥타이를 매어주고 있었다.
이 광경을 지켜 보던 나는 깔깔 웃었다.
"여보, 옷이나 입고 넥타이를 매어 드리지요."
하고 말하자 그분 대답이,
"옷이란 입으나마나…"
의사는 걸음아 나 살려라 하고 도망치고 성박사만 몸을 조아리고 앉아 있었다.
그 광경을 보고 있자니 흥분이 되지 않을 수가 없었다. 함께 간 여자는 옆방에 있어라 해 놓고 나는 방으로 들어가 성박사를 부둥켜 안고 계속 즐겨버렸다. 성박사 말씀이,
"아까 의사 선생도 익사하더니 당신도 익사하시는군. 오늘은 다 내 용궁 속에서 익사만 하는 날이군."
한다. 한마디로 그녀는 희대의 도인이시다.

서울역 앞 사창가 골짜기에 한 평 반짜리만한 방. 두 사람도 코를

맞대어 앉아야 할 손바닥만한 방. 수행승이나 우거할 수 있는 토굴이다.

이 토굴에 들어가면 다 낡아빠진 냉장고 속에는 그릇 하나 숟갈 하나, 반찬 하나가 제멋대로 누워 있다. 바짝 마른 오징어가 누워 있는 것처럼 냉장고 속이 바짝 말라 있었다.

이것을 보는 순간 나는 눈물이 핑 돌았다. 이 세상에 이렇게 검소하고 가난하게 사는 여성도 있었구나.

어두운 방 속에 촛불을 켜 놓으니 태고적 원시림 속에서 호흡하는 세상이다. 욕심도, 명예도, 재산도, 결혼도 다 끊어진 참 수도승이나 사는 쓰레기통 방이었다.

문을 열고 방안을 들여다보니 얼굴은 못보고 캄캄한 방에 파랗게 살아있는 눈동자만 반짝반짝거리고 있었다.

나는 이 토굴에만 들어가면 환희가 넘쳐흐른다. 꼭 어찌하면 내 방과 같을까? 꼭 어찌하면 개성도 강하고 말솜씨도 같을까?

나와 다른 것이 있다면 어머니와 아들의 만남이었다. 나는 처음 만나 말솜씨에 완전히 빠지고, 두번째는 쓰레기통 같은 방에서 사는 것 보고 혼이 빠지고, 세번째는 먹는 것은 목에 넘길 수만 있다면, 죽지 않으면 된다는 행동과 말에 혼이 빠지고, 나는 여자 보고 놀래고, 방 보고 놀래고, 먹고 사는 것 보고 놀래고, 말솜씨 듣고 놀래고, 성교하고 노는 것 보고 놀래고, 전연 사심이 없는 것 보고 놀래고.

이쯤되다 보니 서로가 다 미쳤다. 나는 성박사와 밀회의 구름이 방에 물신물신 넘쳐 익어가고 있었다.

이때 나는 알몸으로 운우(雲雨)의 배를 탔다. 머리는 둘이요, 몸뚱이는 하나, 가랑이는 넷. 첫날밤 신방의 화촉 밀방은 운우가 일렁일렁 넘쳐 신방은 짙어가고 첫날밤 화촉이 터지는 소리와 생과 사가 다 끊어지는 소리 아야! 아야! 나 죽겠네, 너무 좋아 나 죽겠네. 애욕이 넘치는 괴성의 소리, 천정을 뚫어 밤은 깊어 가는데 지구도 밤도 온통 거꾸러지고 흥분의 도가니, 숨가쁜 소리만 벽 천정과 내 귓속에, 눈에, 내 머릿속에 단단히 허공에 걸려 떨어지지 않는다. 미친 소처럼 허옇게 뒤집힌 눈동자, 얼굴은 제멋대로 이즈러지고, 애욕이 미타천까지 미치는 괴성의 소리는 허공에 단단히 거려 있고 목소리, 숨소리만 남아 있다.

나는 허허 벌판 폭풍이 몰아치는 광야에
내 혼이 갈기갈기 찢겨져 꺾어진 대추나무에 걸려
고독한 영혼 피투성이로
처참하게 산산히 부서지고 있다
참사랑은 죽어서 눈물로
눈물이 피가 되어
까맣게 타서 가슴속에 안개처럼 쓰러지는 불꽃
임숙, 나는 207번 사육제(4·6)나비의 혼입니다
임숙, 나는 207번 사육제(4·6)25회입니다.

*나는 임숙 여걸로부터 207번째 서방등록표를 받았다. 사육제(4·6)는 토요일과 일요일만 나와 만나고 다른 날은 서로 자기 공간을 가져 다른 남자, 다른 여자와 만난다. 이것은 서로 존경하고 믿음이 없이는 불가능하다. 나비의 혼은 남자를 상징하는 사람의 혼을 말한다.

나는 몇 개월간 정신없이 쥐약을 먹은 쥐처럼 비틀거리며 성박사 꽁무니만 따라 다녔다. 성박사는 사랑의 화신이요, 무애무아의 참 인간이었다.

자기 몸을 휴지처럼 완전히 구겨 내동댕이쳐 던져 버리는 너무나 여성적이고, 조용하며 차분하고 깨끗하고 어찌 보면 깡패 같기도 하고 자유분방하면서도 의분심도 예의 도덕도 바르고, 참으로 진실하고 부지런하고 완전 탐심과 허영과 사치심이 다 끊어졌다.

그대 이름 없는 여자. 밤도 낮도 없다. 시간도 공간도 도덕도 법도 문자도 말도 초월한 생활 자체가 유아의 어머니 사랑뿐으로 살고, 믿음을 갖고 그대는 밤도 낮도 없다. 사랑이란 말도 뛰어넘어야 한다고 말을 했다.

나는 이 말을 듣고 완전 멍청이가 된다. 한국에도 이런 천재 여성이 있었나. 아무리 보아도 인욕이 천재였다. 인욕, 인욕, 인욕 — 참으로 어려운 말이다.

사랑을 위해서 이 모든 고행 속에서 밤도 낮도 없이 뛰면서 사는 사랑의 화신 — 너무나 자신 있게, 너무나 정직한 것은 사심이 없기 때문에 이런 행위는 대단히 어려운 일이다.

첫째 남녀 간의 이성에서 완전히 해방되어 성교를 즐기되, 쾌락에는 절대 빠지지 않는다. 이성이 해방이 되어 완전 자유인이 된 것이다.

성박사는 큰소리 뻥뻥하는 남자 놈들을 모조리 코를 끼고 돌아다닌다. 중광이는 많은 여자들을 몰고 다니지만 나는 중광이 코를 끼고 다닌다. 깔깔깔 — 한바탕 웃었다.

나는 남자들을 마음대로 호주머니에 넣었다, 가슴속에 넣었다, 손

아귀에 넣었다, 팬티 속 사타구니에 끼고 다니면서 자유자재로 완전 무소유다. 나는 먹는 것도 초월하고, 애욕도 초월하고, 고생도 초월하고, 종교도 초월한다.

어릴 때 청빈한 목사의 딸로 태어나 어렵게 살다보니 어려움을 참는 연습을 했고, 어려움을 참는 것도 목사의 딸이었기 때문에 모든 것에 제재를 받고 사는 데서 인욕을 기르다 보니 몸에 배었고, 이 모든 것이 부모님으로부터 물려받은 재산들이었다. 나는 지금 대단히 감사하게 생각하고 있다고 말을 했다.

너무나 성박사는 낮과 밤이 없이 뛰다보니 피골이 상접되어 마치 설산에서 수도하는 수도승처럼 생활 자체가 그대로 수도생활이었다. 원장님 건강하옵소서! 건강하옵소서. 나는 두손 모아 진심으로 빌었더니……나는 사랑방 유아원 하나만 만들면 자연히 살찔 것입니다. 대단한 원력 보살이시다.

주님이시여! 이렇게 열심히 사랑으로 사는 성박사께 지혜와 용기와 복과 행운을 주시고, 한국은 물론 세계의 많은 여성들이 한과 고통을 풀고 여성 해방의 선구자가 될 힘을 주시고, 활성적인 참 생명의 힘을 주옵소서. 이조 5백년이 우리나라 여성의 한과 피 나는 눈물과 이름 없는 여자의 발원으로 천도해 주게 하옵소서. 창녀, 첩으로 천대받다 피눈물로 돌아간 여인. 몸종으로 하녀로 천대받고 삼종지부덕 사상으로 반여성 노예화 된 남존여비 사상 속에 한 많게 살다간 여인들. 조상님이 여성을 위하여 기도해 드려야 한다.

종교에서도 해방되어야 한다.

예수교, 불교, 유교, 여자에 대한 차별이 경전의 말씀들이다.
예수교는 남자의 오른쪽 갈비뼈를 떼어 내어 여자를 만들었다.
불교는 여자란 죽은 뒤에 원을 세워 재생해야 남자가 된다.
유교는 여자란 삼종지덕을 지켜야 된다. 여권이 완전 말살된 반노예사상이다.
우리들은 과거의 역사를 망각해 버리면 앞으로 다가올 새로운 역사를 창조해 낼 수가 없다는 것을 명심하자.

내 고백이다. 나는 죽을둥 살둥 사랑을 고백했더니 내가 당신에게 사랑과 정열을 바칠 힘이 있다면 여생을 불우한 아이들에게 쏟아야 하겠다. 당신은 명성도 있고, 공부도 많이 한 사람이 여자 하나 때문에 정신없이 허덕허덕거려요. 어찌 큰일을 해내겠어요. 앞길이 창창한데....나는 이 말을 듣고 아찔했다. 이때 조영희가 나에게 준 선물의 말이 떠올랐다.
"남자가 쾌락에 빠지면 위대한 예술을 남길 수가 없어요."
나는 성박사를 정신없이 쫓아다니다가 이 성녀에게 남산 꼭대기에서 한발에 채여 보기 놓게 남산 골짜기에 완전 떨어지고 말았다. 나는 사랑이란 시를 썼고, 이제는 이별의 시를 써야 했다. 그녀와의 이별이 오리라고 생각했었다. 왜냐하면 두 사람 모두가 개성이 너무나 강했다.

이별의 노래

너무나 사랑했기 때문에

우리들은 헤어져야 하겠어요
만나면 너무나 좋아 할 말을 못해서
괴로워 죽겠어요.

그녀는 완전한 창녀였다. 창녀를 거치지 않고는 절대로 성녀(聖女)가 될 수가 없다.
서울역 앞 사창굴에 들어가서 빈손으로 불우한 어린이들을 위해 몸을 던져버린 여자. 맹인, 불구자, 미친놈 가릴 것 없이 몸으로 다 받아 주던 그녀다.
밥을 달라고 하는 자에게는 밥을 주고
눈물을 달라고 하는 자에게는 눈물을 주고
애욕을 달라고 하는 자에게는 몸을 주고
사랑을 달라고 하는 자에게는 사랑을 주고
권리를 침해당한 사람에게는 그 권리를 찾아 주고
병고에 시달리는 맹인에게는 병원을 찾아 입원시켜 주고
그녀가 가진 것이라곤 몸뚱이와 옷 두벌 뿐이었다.

한국 여성들이여!
자기는 연약한 여자라고 하면서
자기 권리를 포기하지 말라
자기 자신을 포기하면
전 여성이 권리를 포기하는 것임을 깨달아야 한다.

한국 여성들이여!

나는 나약한 여자
그러므로 남자를 의지하고 생명을 바쳐
같이 산다는 생각을 던져 버려라
남자와 서로
희생하며 사랑으로 산다고 생각해라.

한국 여성들이여!
부부는 생의 동반자이지
같이 구원은 될 수 없다
오직 자기 구원은 자기 자신뿐인 것을 알아야 한다
한국 여성들이여!
가정부인도 철저한 창녀가 되어
참으로 부부애가 앙금만 남아 있을 때
참사랑의 가정부인이 되는 것이다.

한국 여성들이여!
만일 한국에 훌륭한 여성이 없다 함은
한국에 훌륭한 남성이 없다는 말과 같다
이 말은 남성이 여성을 키워 주는
상부상조 정신이 있어야 한다는 말이다.

한국 여성들이여!
이조 5백년간 버림받고 학대받으며
한 많은 눈물로 슬프게 살다간 조상이

여성을 위하여 여권신장의 제를 올려라.

한국 여성들이여!
마음이 가난하게 살면서는 떳떳하게
성실하게, 착하게 부지런히 살 수 있는
정신을 첫째 귀감으로 삼아라.

한국 여성들이여!
이름 없는 여자의 碑를 보고
돌을 던져도 좋다
그러나 이름 없는 여자의 碑철학을 배워보아라
그러나 이름 없는 여자의 碑철학처럼 살아 보아라
자신을 휴지처럼 버리는 철저한 창녀가 되라
그러면 너는 완전히 구원을 받을 것이다.

*1984년에 일어난 사건을 왜 2050년으로 표시했느냐 하면 65년 후에야 내가 한 말을 비로소 여성들이 알 것이다. 1월 4일은 중광의 생일날이다.)

2
중광예술의 도그마

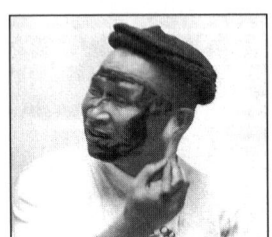

걸레 重光의 자화상

김정휴 스님

중광은 이제 고전적 달마(達磨)에서 벗어나 스스로 달마의 자체에 발길을 들여놓고 자신이 달마임을 실현하고 있다. 남이 볼 수 없는 예리한 칼을 들고 인간 원형(原形)을 찾아내고 나아가 불필요한 살점을 깎으며, 또 하나의 인간 최선을 만들고 있다.

1981년 겨울 어느 날이었다. 그는 미국에서 돌아와 첫 전시회를 위해 작품에 몰두하고 있었다. 그의 얼굴은 조금도 달라진 것이 없었다. 마치 코미디언의 연기를 보듯이 익살스런 표정과 근엄한 모습이 이상하게도 웃음을 자아내게 하였고, 옷차림 자체는 그의 표현대로 걸레였다.

철저한 무소유 정신과 걸사의식(乞士意識)이 그의 몸에 머물렀고, 모든 사물과 서슴없이 몸을 섞는 무애(無碍)는 남이 흉내를 낼 수 없을 만큼 완벽했다.

나는 그가 감로암에 있다는 말을 듣고 오랜만에 중광의 얼굴을 대하고 싶어 그의 방에 들어섰다. 화가의 방치고는 너무 초라하고 무질서가 눈앞에 전개되었다. 아무것도 변화가 없었다. 다만 그의 몸에서 서구적 체취와 행동이 나타나고 있는 것만이 변화라고 할 수 있었다.

그는 술을 마시고 있었다. 그리고 입은 아궁이마냥 연기가 그치지 않고 흘러나왔다. 줄담배를 피우고 있는 모습이 자기를 태워 연기를 만들고 있는 것과 같았다. 스스로 자기를 태우는 연소작업 ─그것은 중광에게서 특별히 볼 수 있는 소멸(燒滅)의 미학(美學)이었고 자신이 만든 허무(虛無)였다.

그는 자기에게 알맞은 공간을 만들어 출입을 자재하고 있는 것이 돋보였다. 그는 내면에 뿌리 깊이 내려 있는 고독을 숨기지 않고 스스로 끄집어 내놓고 자기와 대좌를 하고 있는 절망이 보였다. 소주병은 벌써 다섯 개가 비어 있었다. 뼛속의 비좁은 골목을 따라 순백의 소주가 몸 전체에 퍼지면 그는 걸치고 있던 옷을 벗어 던지고 나인(裸人)이 되었다. 중광만이 가지고 있는 광기(狂氣)가 작동을 한 것이다. 그러나 소주는 그에게 있어 주식이었다. 취하지 않고는 그의 예술이 이루어지지 않았다.

"자지도 않고 마셔요?"

나는 힐난하듯 그의 면전에 뜨거운 입김을 퍼부었다.

"잤는지 안 잤는지 잘 모르겠어. 그것은 나에게 상관없어."

그는 우리가 살고 있는 일상의 생활 테두리를 벗어나 있음을 암시했다. 그래서 자는 것 자체가 그렇게 문제가 되질 않았다. 무애(無碍)스런 삶이 생활화 되어 있음을 읽을 수 있었다.

"그림은 그리지 않고?"

"많이 그렸어. 수십 마리의 닭을 시집보냈어. 그리고 내가 주례를 섰지."

그는 자기가 그린 닭을 시집보냈다는 말로 대변했다. 특히 중광은 그림에 있어 닭의 형태는 동물적 에로의 차원을 넘어 신비감을 불러일으키게 한다.

두 마리의 닭이 자웅을 이루고, 또 두 다리는 손발이 되어 서로의 유방을 아주 소중하게 애무한다. 그러니까 닭의 동물적 애정이 중광의 자성(自性)의 영토에 들어와 자비(慈悲)로 승화되어 동체대비의 언어를 만들고 있는 것이다. 또 어떤 때는 닭이 여러 개의 성기(性器)를 달고 만물과 애정의 교섭을 벌인다. 이것이 중광의 예술정신이고 선기(禪機)라고 할 수 있다.

벌써 한 병의 소주가 없어지고 있었다. 여섯 병을 마시고도 그의 고통은 술로 인해 중절되지 않고 있어 오히려 보는 이로 하여금 딱할 지경이었다. 그러나 중광은 지치지 않고 오히려 이상한 광택을 발휘했다. 눈빛은 서서히 구름이 걷히고 있는 하늘빛 같이 맑아졌다. 소주는 그의 체내에 들어가 불순한 피를 맑게 하고 광기(狂氣)를 점화시키는 역할을 하는 것 같았다.

"그림의 소재가 많이 변했네요?"

"변한 것 없어. 다만 우리가 집에서 키우는 동물들에게 인간과 같은 진실한 애정이 있음을 표현하고 있을 뿐이야."

그의 그림은 중광 자신의 말대로 동물들의 애정을 진실하게 표현하고 있었다. 그리고 미국 가기 전에 볼 수 있었던 거친 그림들이 미의식(美意識)을 동반하고 있어 놀라운 발전을 이루고 있었다. 그리고 연꽃은 색채의 조화는 물론이고 인간의 심장에서 타고 있는 더운 피를 뽑아 물감을 만들어 사용한 것 같이 정열과 환희가 넘쳐흘렀다.

"미국 이야기 좀 해요."

이야기가 계속되지 않고 자꾸 단절되었다. 그것이 나에게 커다란 불만으로 작용되었다. 특히 그의 입심은 소문나 있었기 때문에 미국의 익살스런 풍물이 중광의 입을 통해 재창조되어 나올 것이라는 나의 기대는 물거품이 되고 말았다.

"자, 이것을 보면 미국의 행적을 볼 수 있을 거야."

중광은 신문 뭉치를 내놓았다. 자신의 미국 활동이 적나라하게 소개된 영문 신문이었다. 그는 미국에서 돌아오면서 아무것도 가져오지를 않았다. 그러니까 그 흔한 볼펜 한 자루도 가져 오지 않고, 자신이 소개된 신문만을 가지고 돌아온 것이다.

이렇게 그의 생활은 검소하고 청빈했다. 그러나 한쪽으로는 남이 이룰 수 없는 풍요로운 삶이 있었다. 비록 신문만을 가져 온 자체를 두고 볼 때 그것은 휴지조각에 불과하다. 그러나 이면에는 중광의 정신적 삶이 축적되어 있고, 그것이 언어로서 입증되고 있음을 알아야 한다.

"조영희는 어떻게 하고?"

조영희는 중광에게 있어 애인이고 동시대 예술인이고 화가이다. 그녀가 미대에서 그림을 전공하고 자기 나름대로 새로운 화풍을 개척하고 있을 때 조영희는 언니 소개로 중광을 만났다. 그리고 중광의 자성의 영토에 흡입되어 혼연일체가 되어버렸다.

"그림 공부를 처음부터 다시 해야 되겠어요. 스님 그림은 그대로가 생명이에요. 특히 우리네 동양화는 죽어 있어요. 그것은 사진보다 나을 것이 하나도 없어요."

조영희는 중광이 낙서를 해 꾸겨서 버린 그림들을 하나하나 모아서 집으로 가져가 오랫동안 관찰하면서 중광의 정신적 일부가 되었다. 그래서 중광은 조영희에게 보다 많은 애정을 주었고, 그녀가 훌륭한 화가가 되도록 모든 것을 알선하고 도와주었다. 그런데 중광은 조영희를 미국에 홀로 두고 자신만 귀국해 첫 전시회 작품을 준비하고 있었다.

그러니까 중광과 필자가 「걸레 重光」을 쓰기 위해 청암사에 가 있을 때였다. 그는 소주를 마시고 취해 문득 조영희를 떠올렸다. 참으로 볼 수 없었던 중광의 센티멘탈이 얼굴에서 만들어지고 있었다. 지그시 눈을 감고 깊은 명상 속으로 빠져드는 사람처럼 있다가 그의 대표작이라 할 수 있는 '재입산'이라는 시를 외우기 시작했다.
추방되었던 방안의 침묵이 서서히 제자리로 돌아와 몸을 맞추고 엄숙한 분위기를 만들었다.

지금쯤 황소타고 고향에 가면
마을 장아찌 까맣게 익어
먹음직할 게다
보리밥에 파리 날리며
밥 먹던 어린시절
삼삼히 눈 속에서
눈물이 열리고 있다
나
이제는 고향가면 꼭 돌담 초가집
묻어 놓고
눈꼽 낀 못난 아낙네에게
장가를 들어서

머리를 맞대어 눈물을 서로 닦아주며
고구마 구워서 재털며 먹듯이
이 세상을 살다가
나는 얄라리야
나는 얄라리야
나는 얄라리야

영희가 보고 싶어 죽겠다. 영희가 보고 싶어 울먹였다. 그의 눈가에 수정 같은 맑은 눈물이 고여 있었다. 처음으로 보는 중광의 눈물이었고 순진이었다. 그것은 사랑하는 사람을 볼 수 없는 단절에서 오는 그리움이었고 통곡이었다.
 "보고 싶으면 오라고 편지해요. 전화를 하든지."
 "아니야, 서로 만나지 않기로 했어. 이렇게 떨어져 있으니까 그리운 게야. 같이 있으면 이런 애절한 생각이 일어나지 않아."
그는 체념 같은 소리를 하면서도 모든 것에 달관해 있었다. 그리고 스스로 그리움도 만들 줄 알았고, 애정의 소중함을 다른 형태로 표현할 줄도 알았다. 그러나 중광은 빨리 조영희를 잊어버리고 작품에 몰두했다. 그리움을 표현하는 새로운 언어를 찾아 헤맸다. 나는 술 취한 상태의 중광을 두고 밖으로 나와 버렸다. 그와 같이 있다는 것이 커다란 고통이었다. 왜냐하면 내가 지닌 인내력으로 중광이 만들어 낸 고통을 감당할 수가 없었다. 그리고 나는 떠돌아다니는 의미 없는 유배인마냥 청암사 극락전으로 내려갔다. 그러나 가슴 속에 지워지지 않는 것은 나도 중광처럼 소중한 애정과 그리움을 지니고 있는가? 자신에게 반문했다. 해답이 아니다 라는 반대쪽으로 기울고 있었다.
방안으로 들어섰다. 무덤 같은 적막이 깊이 고여 있었다. 한 사람도 기다리는 사람이 없는 방안은 썰렁했다. 참으로 이름 지을 수 없는 상념들이 마음속에 톱밥처럼 쌓였다. 살아있다는 것이 갑자기 죄스러웠다. 무엇인가 쓰려고 해도 마음이 잡히질 않았다. 무료한 권태와 고뇌가 깊이 뿌리를 내리기 시작했다.

나는 다시 쳇바퀴를 돌듯 아무 이유없이 서울로 올라왔다. 그리고 중광을 범종사에서 만났다. 그는 취하지 않았었다. 맑은 목소리가 목전에 떨어졌다.
"정휴스님, 어문각 편집장 좀 만나요."
"왜요?"
"저에 대한 원고를 문기자한테 부탁했는데 마음에 들지 않는 모양입니다."
나는 며칠 후 조계사 근처 다방에서 심모라는 편집장을 만났다. 그의 이야기는 결론적으로 원고를 다시 나에게 부탁하고 싶다는 내용이었다.
나는 그 자리에서 해 보겠노라고 대답을 해버렸다. 그런데 뒤에 밝혀진 이야기지만 중광에 대한 원고는 정휴스님이 써야만 된다는 구상 선생님의 의견 때문임이 드러났다.
거기에는 상당한 이유가 있었다. 물론 중광이 지닌 작품의 세계를 미화시켜 보자는 데에도 이유가 있었지만 그보다는 중광의 예술세계를 올바르게 이해하고 평가하는 데는 속인보다는 승려가 더 낫다는 편견 때문이었다.

나는 편집장이 건네준 자료를 안고 극락전으로 내려갔다. 그리고 자료를 하나하나 읽으며 정리했다. 중광의 기행과 그리고 자작시 200여 편이 넘는 원고와 일화가 대부분이었다.

나는 자료를 읽고 나서 고민했다. 이것은 솔직한 고민이다. 첫째, 이것을 작품으로 구성하는 데 많은 문제점이 있었고 둘째, 내 자신이 미술 이론을 모르고 있다는 사실에 원고를 쓸 자신이 없었다. 자료를 다시 넘겨주고 싶었다. 왜 이렇게 나 자신이 무모한 짓만 골라서 하게 되는가 원망 같은 울분이 일고 있었다. 그러나 권태를 이기고 무료함을 극복하는 일은 원고지 행간이라도 메꾸는 일이라고 자신을 달랬다. 그리고 이것을 나 자신이 못해내면 누가 하겠는가? 스스로 자만과 오기를 자신 속에 불어넣었다.

 나는 내 자신이 만든 오기에 끌려「걸레 重光」을 쓰기로 결심했다. 그리고 미술에 관한 서적을 30권쯤 사가지고 탐독을 시작했다. 특히 피카소에 대한 생애와 사상, 작품 해설을 읽어가며 중광과 대비를 시켜 보았다.

참으로 아직 대하지 못했던 새로운 지평이 가슴 속에 열리는 것 같았고, 빈센트 반고호와 폴 고갱의 생애를 읽으며 나는 중광을 다른 차원에서 볼 수 있겠구나 하는 자신감이 생겼다. 그리고 고호의 일화 중 자화상을 그리다가 자기 귀를 잘라 그것을 신문에 싸가고 고갱을 찾아가 소리치던 예술적 광기를 발견하고 나서 내 나름대로 어떤 충격과 환희가 교차했다. 왜냐하면 중국의 선종 정신이 묘하게도 서구적으로 전이되어 이런 광기를 만들고, 또 그것이 예술의 모체가 되고 있음을 내 스스로 판단했기 때문이다. 특히 운문(雲門)과 같은 선사(禪師)는 자기가 믿는 교조를 마구잡이로 매도하는가 하면 처형하는 만용까지 내보이고 있기 때문이다.
 "내 앞에 세존이 다시 나타나 천상천하 유아독존(天上天下唯我
獨尊)을 외친다면 몽둥이로 후려 갈겨 주린 개에게 주어서 천하를
태평케 하겠다."
 또, 그는 어느 날 나무로 만든 사자 입에 손을 넣고 '물려 죽겠어
요. 살려줘요' 하고 소리를 쳤다는 일화 역시 하나의 광태라 할 수
있다. 본질 회귀의 절규이고 자기 실상을 확인하는 인간 탐구의 정
신이라고 하지 않을 수 없다.
 세존을 몽둥이로 쳐 주린 개에게 주겠다는 그의 선언 속에는 세존
자신 역시 인간임을 강조하고 있다. 그리고 인간 탐구와 아울러
인간으로서 도달할 수 있는 정신을 적나라하게 내보이고 있음을
우리는 알아야 한다. 그러나 살불살조(殺佛殺祖)가 관념적 부처나
조사를 죽이는 행위가 아닌 참으로 진실한 자기 부처를 파악하는
행위로 알지 못한 사람에게는 광태라고 하지 않을 수 없을 것이다.
이런 선종 광기가 고갱이나 고호 등에서 발견되고 있어 나는 새로
운 각오로「걸레 重光」을 쓰기로 결심했다. 그리고 또 하나 중광
이 지닌 걸레의식, 즉 가난과 고독이 먼저 살다간 예술인들에게
있음을 파악하고 그들과 중광은 이상한 동질성(同質性)을 지니고
있음을 파악했다. 그리고 중광은 그들의 고통을 훔쳐와 혼자서 소
유하는 여유가 있었다.

중광과 피카소의 만남

중광의 그림에 자신이 체험한 자전적 요소가 하나의 발상이 되고

있다는 것은 피카소와 우연히 일치하고 있다. 장미빛 시대와 청색 시대, 그리고 세 여인의 등장으로 변화된 피카소의 그림에 자전적 요소가 짙게 깔려 있듯이 중광의 그림에도 이런 동질성이 있다. 왜냐하면 그림 속에 나타난 에로티시즘 분위기가 그렇고, 화면 속에 지나친 해학성을 요구하고 있는 것도 그가 체험한 행위의 일부라고 할 수 있다.

그리고 중광이 처음부터 괴이한 발상과 선종의 격외도리(格外道理)를 도입한 것은 아니다. 오히려 초기의 작품들은 전통적 달마의 형태에 머무르고 있다. 다만 이때는 인물화가 지니는 특성을 추구하는 작업만 열중하였을 뿐이다.

이런 전통적 실험을 거치고 난후 그에게 변동의 시기가 온 것이다. 그러니까 달마를 역사적 존재로만 파악한 것이 아니라 달마가 지니고 있는 원래의 뜻을 재현시키려고 개안(開眼)한 것이다.

달마란 법을 의미한다. 하나의 대상, 사물, 실재, 그리고 우주의 총체적 진리를 뜻한다. 모든 사물이 간직하고 있는 참다운 진리, 즉 진여를 말하는 것이고 우주의 생명체가 바로 달마이다.

중광은 초기의 역사적 달마의 형태에 머물러 있다가 서서히 거기서 탈피하여 우주의 생명체를 자기 나름대로 형상화한 것이다. 참으로 어려운 실험을 그가 한 것이다. 또한 이것은 큐비니즘의 피카소와 브라크가 도달한 대상 분석에 해당한다고 할 수 있다. 이래서 두 사람은 그림을 통해 만나고 있었다. 다만 소재가 다르고 화풍이 다를 뿐, 정신적 공간 속에서 두 사람은 숙명적으로 해후하고 있다.

선(線)과 형(形)과 색(色)의 통일, 이것은 자신의 유기적 조직, 통일된 양식을 처음으로 자기 그림에서 실험한 것이다. 그리고 닭, 개, 오리, 말, 소 등의 일체 동물과 사물을 자신의 영토에 흡수하여 진여와 결합시킴으로서 새로운 형상을 만들고 자기화 하고 있음은 중광 예술에 있어 새로운 조형언어가 아닐 수 없다.

또 이것은 선종의 살불살조(殺佛殺祖)의 정신을 도입하여 자기 나름대로 실험하고 있음을 발견할 수 있고, 천부적으로 갖고 있는 광기와 조절, 그리고 절규를 형상화 하여 때로는 외설적인 도취의 세계로 줄달음치기도 하고, 또 어느 때는 가장 신비함을 우리 앞에 드러내 놓기도 한다. 그래서 그의 예술 속에는 야성과 미개(未開)가 분노처럼 끓기도 하고, 때로는 달마를 추상(抽象)하고 또 때로는 먹물로만 그리던 달마를 색조분할(色調分割)로서 형태를 만들기도 한다.

이러한 중광의 예술세계를 추적하고 표현하기 위해 나는 몹시 고민하고 새로운 절망을 배우기도 했다. 특히 그가 술안주처럼 내뱉은 여자, 그리고 말과 돼지, 개, 닭 등의 여러 동물과 애정행각을 했다는 진술때문에 이것을 어떻게 처리해야 할까 하고 고민을 하기도 했다. 그러나 그에게 참으로 무서운 화해정신이 있음을 알 수 있었다. 또한 그에게 있어 동물은 단순한 동물이 아니라 해체된 사물로 등장되어 자유스런 자상의 영토에 흡수되어 하나의 세계가 되고 있었다. 그러니까 중광은 삶의 형태적 차별 속에서 만물이 평등함을 추구하는 걸인인 동시에 만법귀일(萬法歸一)의 공간 속에 모든 동물들의 애정을 수렴하는 대승적 화해의 선지식이라 하지 않을 수 없다.

애정이란 인간에게만 소중한 것이 아니다. 이것은 동물에게도 마찬가지이다. 그리고 일체 만물과 하나가 되는 제일의적 과제는 자비의 교섭이 있을 때 가능하다. 차별적 관념을 가지고는 일체를 이룰 수 없다. 남녀가 한 몸이 되는 것도 애정 때문이다.

신라의 혜통(惠通)은 출가 전 친구들과 어울려 수달피 한 마리를 잡아 술안주를 한 사실이 있었다. 한 생명을 잡아먹은 것이다. 수달피의 털을 벗기고 살을 털어내어 뼈대만 남게 했다. 그리고 술이 깬 다음날 아침에 혜통은 주위를 살폈다. 뼈대만 남아 있어야 할 수달피의 모습이 보이질 않았다. 참으로 이상한 일이었다. 눈앞에 핏자국이 보였다. 그는 핏자국을 따라 한참동안 걸었다. 동굴 하나가 눈앞에 다가섰다. 그 안에 털이 뽑히고 살점이 달아난 뼈대만 남은 수달피가 어린 새끼를 안고 있었다. 무서운 소름이 끼쳤다. 그리고 생명이란 사람에게 있어 고귀한 것이 아니라 짐승도 마찬가지란 것을 깊이 깨달을 수 있었다. 그것뿐이 아니었다. 어린 새끼를 보호하고 사랑하는 마음은 짐승이 인간보다 절실하다는 것을 깨달을 수 있었다.

중광은 이러한 만물이 지닌 생명의 의지와 애정을 같이 체득하고 있었다. 변태적 성희를 즐기려는 데에서 이루어진 애정행각이 아니라 짐승과 하나가 되려는 자비의 실험을 하고 있음을 천천히 알 수 있었다. 그러나 그에게 도의적 책임이 없는 것도 아니다. 구도자로서 품위를 엄격한 계율정신을 잃어버린 데에서는 질타와 시비는 면할 길이 없었다. 그래서 모든 사람들은 중광이 지닌 실상과 면목을 파악하지 못하고 심한 욕설과 질타를 퍼붓는다. 그가 인간만을 사랑하고 있는 것이 아니라 짐승에게까지도 자비를 희사하고 있음을 알지 못했다. 알지 못하고 남을 매도하는 것은 커다란 허물과 죄악을 낳는다. 왜냐하면 이러한 허물은 우리들 사문 스스로 파계(破戒)를 자행하고 있기 때문이다. 그런데 공범이 된 파계는 묵인되는 아량이 있다.

십계(十戒) 중 금은보화를 몸에 지니지 말라는 계율이 있는 데에도 그 수칙을 무시해버리고 속인들이 놀랄 호화판 고급시계를 구도자가 많이 차고 있는데 누구 한 사람 이것을 파계행위라고 말하지 않는다. 왜냐하면 모두가 공범자이기 때문이다.

그런데 중광에게는 이런 위선(僞善)이 없다. 오히려 자기 자신에게 있는 위선을 스스로 칼질을 하여 처참할 정도로 도려낸다. 그만큼 진실해지려는 인간탐구의 정신이 그에게는 뜨겁다.

나는 그가 말한 애정행각, 즉 다시 말해 동물의 교접을 쓰기 위해 고민을 하다가 대구 달성공원으로 달려가 동물 사육사를 만나 보았다. 그러나 필자의 얼굴은 뜨거웠다. 왜냐하면 나 자신이 사문이었기 때문에 동물들의 애정 모습을 묻는다는 것이 낯간지러운 일이 분명했다.

비록 글을 쓴다는 것을 전제는 했지만 하필이면 모든 신도들이 보고 감동할 글을 쓰지 못하고 외설적 분위기를 스스로 찾고 묻는 것이 죄스러웠다. 그러나 의도적으로 외설적인 것을 쓰려고 한 것이 아니라 자비가 모든 만물에 있어 어떻게 본질적으로 평등하게 존재하는가를 알기 위해서였다.

이 부분에 대해 이해를 하지 못한다면 더 이상 구차한 변명을 하지 않겠다. 사실 이제 지난 이야기지만 「걸레 重光」이란 책이 출판되고 나서 나는 참으로 곤욕스런 일을 많이 당해야 했다. 첫째 책 광고에 실려 나간 광고 문안과 신문에 실린 광고 문안이 독자를 자극할만 했고, 불교를 아끼는 사람들이 보아도 분노를 일으킬만 했다.

"돼지 음부가 예뻐요."

첫째 이 대목이 많은 사람들에게 자극을 준 것 같다. 그러나 나는 사육사를 만나보고 중광의 진술이 거짓이 아니란 것을 알 수 있었다. 또한 동물들의 성희가 인간과 비교해서 조금도 다름이 없다는 것도 확인할 수 있었다.

특히 오리의 경우는 닭보다 긴 시간을 유지하면서 암놈과 수놈이 서로 만나 머리를 올렸다 내렸다 하며 수작을 거는데 이 판토마임을 보고 있노라면 오히려 인간 쪽이 부끄럽다고 했다. 그리고 우리가 알아들을 수 없는 애정을 교환하고 수놈은 암놈의 목덜미를 물고 그 등에 올라가 노끈을 꼰 듯한 페니스를 돌출시키고 성급한 도킹을 감행한다는 사육사 말에 나는 신분을 잊어버리고 웃고 말았다.

동물과 인간에게 자비와 애정을 실험하는 중광의 광태가 얼마나 소중한가를 또 한번 알 수 있어 다행이었다. 그래서 지금 그는 고양이를 키우면서 그 고양이를 보험에 넣어주고 이제는 아예 방에다 개장을 만들어 놓고 키우고 있다.

개는 중광에게 있어 유일한 가족이다. 다만 중광의 지나친 자비의 만행이 물의를 일으켜서 문제일 뿐이다. 그는 미국에서 돌아오고 난 후 그림이 참으로 많이 좋아졌을 뿐만 아니라 많은 사람들에게 찬사를 받았다. 그러니까 이 시대의 예술가 위상에 발길을 들여놓고 동서양의 주목을 받았다.

예술적 찬사로 인해 그는 치탈도첩의 중죄에서 다시 공권정지 5년이란 감형을 받을 수 있었다. 물론 여기에는 평소 친하던 봉주, 명환 두 스님의 배려도 있었지만, 실제 중광은 그것을 달갑지 않게 생각을 했고, 별로 개의치 않았다. 오히려 감형된 사실을 불쾌하게 생각했다.

그런데 이렇게 타의에 의해 이루어진 행운도 그의 만행에서 무산되고 말았다. 왜냐하면 어느 날 주간경향 기자에게 '나는 고양이가 좋아요' 란 말을 한 후 고양이 음부를 만지작거리면서 거기서 나온 배설물을 서슴없이 손가락에 묻혀 빨았다는 이야기가 전달되면서 공권정지 5년은 다시 치탈도첩의 중죄로 바뀌고 말았다. 이 모두 중광만이 해낼 수 있는 일이었다. 그래서 그의 삶은 무유정법의 삶이다.

그는 정해진 질서 속에서 사는 것이 아니라 행하고 생활하는 것이 중광에게는 법이고 질서였다. 오히려 그를 제도적 틀 속에 몰아넣으면 부작용이 생긴다. 그것은 날아다니는 새를 새장 속에 가두어 놓는 것과 다를 바가 없었다.

그의 무애는 남이 흉내낼 수 없고, 그 맥은 원효와 대안에 가 닿아 있다. 그리고 무애 속에 중광 자신이 만든 진실과 자비, 또 애정이 박혀 있었다.

광기가 만든 무애

중광은 스스로 삶을 만들며 사는 예술인이다. 오늘날 화가들처럼 한 사물을 오랫동안 스케치(에스키스)하지 않는다. 또 서로가 야

합하여 대가(大家)로 승격시켜 놓고 그림 한 호당 몇십만원 한다고 자만을 부리지도 않고, 사진 같은 그림들을 남발하여 몇 백만원씩 받지도 않는다.

서울 인사동에 즐비하게 서 있는 화랑가에 가보면 참으로 실망과 절망을 한꺼번에 배울 이야기들이 많다. 사진보다 못한 동양화, 그것은 한판에서 찍어내는 것과 똑같은 그림을 대가의 것이라고 몇 백만원씩 거래하고 있는가 하면 가짜까지 등장하여 사람들의 눈을 속이고 있는 실정이다.

모 화가의 그림 전지는 일천만원을 넘는다고 한다. 그러나 그의 그림 속에는 생명이 없고, 테크닉만 초라하게 남아 있는 것이 대부분이었다. 아마도 그래서 랭카스터 교수는 중광의 그림을 보고 '한국의 피카소요, 그리고 당신의 그림은 피카소보다 낫소'하고 탄성을 질렀는지도 모른다. 그만큼 그림 속에 달마의 선종 정신과 아울러 생명이 넘치고 있기 때문이다.

화가에게 그림은 훗날 역사적 삶이 된다. 그리고 화가가 만든 조형언어(造形言語)는 화가 자신의 역사가 될 것이다. 또한 중광이 창조해낸 조형언어는 법어(法語)가 될 것이다. 그러나 오늘날 우리 주위에 있는 수행인들은 창조 정신이 없는 것 같다. 표절과 모방만이 난무하고 있는 것 같다. 수행인이 역사 속에 남는 일은 형식적 계(戒)를 잘 지키는데 있는 것도 아니며 불공을 잘하고 미꾸라지, 자라 등을 살려 주는 방생불사를 하는 데 있는 것도 아니다. 첫째 치열한 견성실험 속에서 자기를 확인하고 성취한 오도적 삶을 언어로 형상화 시켜 남겨 놓는 일이다.

만해 한용운은 「경허법어집」 서문에서 다음과 같이 밝힌 일이 있다.

조사(祖師)가 입적하고 나면 허물은 없어지고 법어만 남는다 — 비록 경허선사를 두고 한 말이지만 수행인 모두에게 해당하는 말이라 하지 않을 수 없다.

사실 경허선사는 근대 선종(禪宗)의 중흥조의 위업을 달성시킨 장본인이지만 계율적 측면에서 많은 문제를 남긴 선사(禪師)이기도 하다. 그러나 그 허물은 오히려 이 시대에 와서 일화로 미화되어 많은 사람의 입을 통해 회자되고 있고, 그의 무애정신을 흉내내는 사람까지 등장할 정도이다.

특히 근대 불교사에 있어 만해 한용운(韓龍雲)은 다른 사람에 비해 참으로 많은 각광을 받고 있다. 그 당시 불교계에 있어 그는 소외자였고 말썽꾸러기였다. 거기에다 불교 계획을 빙자하여 비구승들까지도 결혼을 해야 한다고 건백서까지 냈던 인물이다. 그러나 그가 남긴 항일운동이나 민족사상은 오늘에 있어 커다란 사상이 되었고, 귀감이 되고 있으며, 그의 문학적 업적은 오늘에 이르러 어느 누구도 따를 수 없을 만큼 화려한 조명을 받고 있다.

만해에 대한 뜨거운 상환(償還)이 오늘 문학인들에 의해 다투어 이루어지고 있는 것이다. 이것 역시 만해가 남긴 독창적인 역사의 삶 때문이다. 이러한 역사적 삶이 없었다면 만해는 역사의 행간에 묻혀 없어지고 소멸되었을 것이다. 원효도 마찬가지이다. 그의 훌륭한 사상이나 저서가 없었다면 원효의 위대함은 야사(野史)쪽이 되었을는지 모른다.

나는 이러한 역사적 삶을 만날 때마다 현존 고승들의 정신적 작업이 왜 활자화 되지 않고 있는지 의문이 갈 때가 더 많다. 물론 법어집이라 나오고 있지만 그 속에는 조사어록을 읽다가 귀중한 내용을 훔쳐 놓은 듯한 인상을 지울 수 없는 것들이 대부분이었다. 몇해 전 종정이신 성철 큰스님께서 '산은 산이요 물은 물이로다'라고 법어를 했을 때 개인적으로 실망을 했던 일이 있다.

왜냐하면 '山山水水'는 1200년 전 중국 야생선사 뿐만 아니라 그 밖의 선사들이 했던 이야기였기 때문이다. 그리고 남의 법어를 인용할 때는 분명히 누구의 법어라고 밝힐 필요가 있다. 대학 논문을 쓸 때도 다른 사람의 논문 구절을 인용할 때는 어느 책, 어느 구절에서 인용했다고 밝히고 있기 때문이다.

나는 그 후 산은 산, 물은 물이란 법어를 말하는 모든 사람들이 종정 큰스님의 독창적 법어라고 착각들을 하고 있어 아연실색을 한 일도 한두 번이 아니었다. 그리고 지나치게 불립문자(不立文字)의 사상에 얽매어 창작 정신을 외면하고 있는 사람들이 많은데 이것은 스스로 자기 자신을 역사 속에서 지워버리는 행위에 불과함을 알았으면 한다.

이제 무엇이 수행인에게, 그리고 구도자에게 위대한 삶이 되는가를 말했다. 이런 사원에서 중광은 위대하나. 그는 수많은 소행을 통해 견성의 지평을 넓히고 있을 뿐만 아니라 영원한 역사를 만들고 있기 때문이다. 중광을 애도하고 욕설을 퍼붓는 그들은 망각에 묻히고 말지라도 중광의 예술은 진여법신이 되어 불생불멸(不生不滅)할 것이다. 그리고 그가 남긴 숱한 일화들은 날이 갈수록 미화되어 그리움이 될 것이 분명하다.

나는 「걸레 重光」을 탈고하고 나서 그 원고를 불태우고 싶었다.

남의 평전이나 쓰고 있는 자신이 초라해 보였고, 원고지 행간을 메꾸기 위해 몇 달 밤을 뜬 눈으로 새우며 쓴 글이 마음에 들지 않았기 때문이다. 그리고 책이 나와 많은 화제를 불러일으켰지만 책도 읽어 보지 않은 무식한 독자들이 광고 문안만 보고 외설이라고 단정하는 오만을 부리는 바람에 그들의 면전에 중광이 그린 성기 하나를 선물하고 싶기도 했다.

또 거기다가 어떤 독자는 50장이 넘는 원고 속에 찬사와 비난, 그리고 욕지거리를 써가지고 종단 각계에 투서를 했을 때 무지와 횡포가 얼마나 무서운가를 배우기도 했다.

또 영화 계약을 할 무렵 까다로운 절차도 중요하지만 왜 그리 요구사항이 많은지 실망을 금치 못했다. 수많은 요구사항 때문에 영화사는 지금까지 촬영을 못하고 있다는 소식이다. 그러나 중광은 그 사이에 변모하고 발전하고 있었다. 참으로 놀라운 일은 아무 이유없이 즐겨 마시던 술과 담배를 끊어버리고 무애자유(無碍自由)한 정신만 가지고 행동했다.

암컷을 찾아다니는 욕망도 방하착해 버렸고, 뿐만 아니라 술을 권하고 담배를 권하는 사람들에게 할 줄 알면 끊을 줄도 알아야 한다고 피식 웃으며 위기를 모면했다.

일상인으로 할 수 없는 불가능을 그는 혼자서 해내고 있었다. 이제 중광은 제기의 예술세계(藝術世界)를 간파하고 있음이 분명했다.

유명한 화가 이중섭 옆에 구 상(具常) 시인이 있듯이 중광 옆에 오현과 향봉, 그리고 필자가 있다. 우리는 중광의 예술세계에 스스로 동참자가 되어 그를 옹호하고 작품 세계를 추적했다. 그래서 네 사람은 항상 부담없이 만나면서 고통을 조금씩 조금씩 나누어 가졌다. 특히 중광과 향봉은 야성적 분노와 격외도리를 정답게 나눈다.

두 사람은 어느 날 바람같이 만나 바람 같은 언어(言語)의 강물을 만든 일이 있다.

"스님은 군대에 있을 때 그리고 지금까지 여자 관계가 많다는데 죄스럽게 생각진 않습니까?"

"죄는 무슨 죄가 있어. 여자에게 잘해준 죄뿐이 없어. 군대는 진해 해병대 경리과에 있었는데 그때 돈 구경을 좀 했지. 또 여자를 어떻게 하면 즐겁게 해줄 수 있을까 하고 많은 연구를 했어. 향봉이도 여자 공부를 좀 해. 여자에게 절망을 배우고 고통을 배워야만 진실한 도인이 될 수 있어. 그래서 나는 여자를 하나의 학교라고 생각을 하지."

"스님, 언제 열반하렵니까?"

"X같은 것 나는 열반 싫어해."

"중광스님! 열반 전에 열반송 남기렵니까?"

"제기랄 X같은 소리 다 듣겠네. 살다가 숨 떨어지면 가는 것이지 웬 잔소리가 그리 많아. 죽을 때 오줌 똥이나 편안히 잘 싸면 그만이지 열반송은 웬 열반송이야."

"스님 죽으면 사리가 나올까요?"

"별거 다 묻네. 향봉 등쌀에는 못견디겠어. 나는 여자 공주님들께 정열을 골고루 배급해 주었기 때문에 사리가 나올 턱이 있나. 나온다면 음사리나 나올 것이야. 전복 속에는 진주알을 캘 수 있어 돈이나 벌수 있지만 중에게서 나온 사리를 무엇에 쓸려고…"

"돼지도 죽으면 사리가 나온다는데 스님은 사리가 안 나올 모양이네요. 그러면 도인은 아니고 큰 땡초는 되겠네요?"

"도인 좋아하네. 나는 일찌감치 돼지 족발하고 바꾸어치기 해먹었으니까 도인이나 사리에 대해 묻질 마. 네가 똑똑한 것처럼 말 끝마다 열반 아니면 사리, 사리 아니면 도인, 열반송 하는데 사실 불교에서 이 술어 때문에 불교가 좀 썩고 인간의 순수한 모습을 볼 수 없게 하고 있는 것을 알아야 해. 사리 이야기가 나왔으니 하는 말인데 사리가 나오면 도인이 되는가. 도(道)가 사리 속에서 잠자고 있다더냐. 아니면 도가 사리 속에서 나온다더냐. 사리 나온 돼지 보고 도인돼지라고 하면 되겠네. 사리가 별게 아니야, 사리에 집착하지 말아야 돼. 중들이 죽은 송장까지 팔아먹으려고 사리 사리하지."

"계율을 파계한 사실에 대해 참회할 생각은 있어요?"

"하하하, 이제는 계율 이야기를 하는군. 향봉은 계를 파해 보았나? 계를 파해 보지 않은 사람이 어떻게 파계의 도리를 알 수가 있겠어. 그리고 참다운 계는 계를 깨닫는 데 있다는 것을 알았으면 해. 또 계는 입으로 노래를 한다고 지켜지는 것도 아니야. 계는 생활의 체험 속에서 그 정신이 실현되어야 해. 그래서 나는 계를 파하고 또 계를 지키고 나아가서 계를 떠나 생활을 하고 있지. 자세히 깨달아 봐. 내 생활이 그대로 계이고, 계가 그대로 생활이 되고 있음을 볼 것이야. 이런 것도 별게 아니야. 참으로 깨친 사람이 우리 주위에 없어. 그것이 아쉽고 아쉬워. 깨친 사람이 있다면 살아 있는 목소리가 나올 것이고, 또 살아있는 목소리는 모든 중생의 가슴에 가 닿아 빛이 될 것인데... 그리고 세존이 여어자(如語者)라면 이 시대를 위해 하고 싶은 진어(眞語)를 못하고 있어. 이것은 자기 세계가 없어 그래. 고양이란 놈은 철저히 자기 세계를 갖고 야성을 마음껏 부리고 있질 않아."

어느 날 중광은 향봉이가 있는 사무실에서 나와 오현을 불렀다. 그리고 자신이 새롭게 발견한 소재로 그림을 그려 주면서 '곧 미국에 갈 것이야' 하고 그동안 만날 수 없음을 아쉬워했다. 그는 생존 화가로서 처음으로 미국에 있는 록펠러 재단 아시아소사이어티 갤러리 디랙트 초청으로 그림 전시회를 갖는다.
이것은 우리 화단(畵壇)의 경사이며 불교계 자랑이다. 이 전시회를 끝내고 몇 군데 들려 크고 작은 전시회를 해주고 아프리카를 여행한다고 했다. 원시의 밀림, 그리고 평소 사랑했던 이름 모를 동물들에게 동양의 자비를 심어 줄 것이다. 그러나 그는 떠난다는 기쁨보다 속으로 울고 있는 것이 한 가지가 있었다. 그것을 밖으로 나타내질 않았지만 그것은 중광에게 있어 순수한 고통이었다.
"스님이에요? 효자입니다."
"밥 먹었어?"
하고 그 쪽에서 물으면,
"스님하고 같이 해야지요"
하면서 감로암으로 달려가는 모습을 중광을 아는 사람들은 목격을 했을 것이다. 바로 중광이 어머님처럼 모시고 있는 혜련스님이시다.
두 사람은 비록 혈육은 아니지만 이제 떨어질 수 없는 모자관계를 이루면서 아승지겁을 살고 있다. 그리고 불교의 자비와 기독교의 사랑을 섞어서 만든 구상 선생의 뜨거운 애정을 가지고 아프리카로 8월이면 떠나갈 것이다. 이제 그의 그림을 보고 비웃던 사람들도 오히려 그의 그림 앞에 감동을 하면서 교화를 받고 있다.
어느 날 필자가 중광스님 앞에서 구상 선생님이야말로 선지식이라고 말했을 때 '그럼, 잘 봤어. 선지식도 그런 선지식이 없지'하고 동조한 것을 보고 두 사람의 인연도 참으로 숙명적임을 깨달을 수 있었다. 이것 역시 애정이 만든 결과이다.
얼마 전 천주교의 김수환 추기경이 경주 석굴암 불상 앞에서 두 시간 동안 앉아서 불상의 자비와 인자함에 일어서지 못했다는 이야기가 감동적이었듯이 구상 선생과 중광의 애정도 감동적이다. 두 사람은 한 시대의 삶과 고뇌를 가지고 서로가 지닌 가난한 지평을 양보하며 살고 있다. 그런데 한 가지 이상한 것은 미국을 가면서 사랑했던 조영희 이야기를 끄집어내질 않았다. 그렇다고 물어 볼 수도 없는 일이었다. 아마도 바람처럼 가 만나고 바람기가 만든 별리(別離)만을 심어주고 올렀는지도 모른다. 그러나 인간에게 소중한 것은 애정이다. 이 애정이 얼마나 소중한가를 나는 경봉선사의 장례식과 탄허스님의 영결식에서 보았다.
두 선사의 영전에 뜨거운 눈물을 흘리고 있는 사람들은 다른 사람이 아닌 혈육들이었다.
그곳에 참석한 승려들은 모두 요식행위의 조상(弔喪)과 슬픔을 갖고 있었으나 그들만큼은 가슴에서 일어난 슬픔으로 통곡했다. 그래서 중광의 효성은 혈육과 관계가 아닌 혜련스님을 어머니로 모시고 있는 데에서 더 돋보인다. 그리고 감로암에 갈 때마다 느끼는 일이지만 그는 아무것도 소유하지 않고 있으면서 너무나 많은 것을 정신적으로 소유하고 있어 질투가 날 지경이었다.

중광이 거처하는 방은 참으로 초라하다. 장식이 없고 수식이 없다. 그림을 그리다가 버린 파지와 낙서들이 쌓여 있을 뿐, 그밖에 소중한 물건이 하나도 없다. 또 자신이 입고 다니는 옷도 걸레를 했으면 적당할 지경이다. 그러나 그의 마음속에는 고집스러울만한 불구부정이 있고, 광활한 진여 공간이 있다. 이러한 무소유 생각 때문에 오현과 나는 당황할 때가 있다. 왜냐하면 우리들 마음속에는 소유의 공간이 더러울 정도로 남아 있기 때문이다. 그리고 그의 벽에는 수많은 사람들의 전화번호가 적혀 있고, 그 중에 무언(無言)의 항의가 있음을 볼 수가 있다.

감찰원에서 조사한 내용을 토대로 선고한 치탈도첩을 내린 판결문 내용을 그대로 붙여 놓고 있기 때문이다. 사실 이런 행위는 중광이 아니면 할 수 없는 일이다.

모든 사람은 자기의 치부를 다른 사람에게 노출시키는 것을 싫어하는 속성을 갖고 있다. 그러나 중광은 그 판결 내용에 가부의 자기 뜻을 표현하지 않고 모든 사람으로 하여금 그것을 보고 나름대로 판결해 달라는 주문 같았다. 그러나 우리는 중광의 무애와 그의 진실한 계율사상을 이해할 필요가 있다. 그의 진술대로 계를 지키는 데 고집하다 보면 계율에 속박당하고 만다는 사실이다. 그래서 계를 깨달아 질서 속에 자유인이 되어야 한다는 진의를 알 필요가 있다.

이런 그의 근본적 사상은 남에게 혐오감을 일으킬 정도로 마셔대던 술도 끊어버리고 담배까지 하지 않은 자제가 있음에 주목할 필요가 있다.

인간에 있어 습관은 하루아침에 고쳐지지 않는다. 그리고 습관은 고질병이 되어 자신도 모르게 속박당할 때가 있다. 그런데 중광은 자신 속에서 스스로 개혁을 선언하고 습관화 된 자기 행위에 칼질을 하여 고쳐버린다.

이런 점은 그가 달마를 잔인할 만큼 난도질하는 데에서도 발견할 수 있다. 스스로 육고간 주인이 되어 달마가 지니고 있는 사지를 잘라 버리고 머리와 눈과 코만을 우리 앞에 제시하여 이 시대 달마를 창초해낸 데에서도 찾아볼 수 있다. 그러나 그는 요즈음에 들어와서는 달마보다는 예수상을 그리고 있다. 그러니까 달마의 선종 정신을 예수에게 접목시켜 또 하나의 일체화 작업을 시도하고 있는 것이다. 그리고 그 이면 속에는 하나님의 진실한 사랑을 깨우쳐 주려는 목적이 있는 것 같다.

보이지 않는 하나님을 믿는 사람들이 눈에 보이는 형제를 사랑하지 않고 미워한다면 이것은 거짓말쟁이에 불과하다고 진술한 요한의 가르침을 중광은 너무나 잘 알고 있다. 그러나 그의 그림에서 주류를 이루다시피한 성기가 예수상에서 말끔히 지워져 있는 사실이다. 이러한 성기의 모습은 '학'에 있어서도 마찬가지이다. 달마의 그림에 있어서는 성기는 독버섯처럼 돋아나 하늘을 향해 방뇨라도 할 기세이다.

출가와 견성의 행각

중광은 불교의 윤회적 의미에서 볼 때 그는 환생(還生)의 섭리를 이용하여 우리가 살고 있는 시대에 해학과 예술, 그리고 야성적 선행(禪行)의 광태를 난폭하게 제공하러 온 달마가 다시 환생하여 온 것이 아닌가 하는 착각을 갖게 하는 인물이다.

첫째, 중광의 얼굴과 현실적 행동과 모습은 전통적 형식이 말끔히 제거되어 있다. 그리고 그의 눈빛에서 이루어진 번득이는 항체(抗體)는 일체를 부정하면서도 제멋대로 움직이는 행동에서는 해학과 선기(禪氣)가 만들어지고 있다. 이러한 행동은 묘하게 달마와 접목이 되어 우리 시야에 새로운 달마로 재현되고 있는 것이다. 아마도 그가 지닌 내적인 통로를 따라 심층에 이르면 달마의 선지(禪旨)와 실상(實相)이 가득할 것이다. 그러나 그는 역사적인 달마는 잔인하게도 처형해 버리고 창조적 근원에서 이루어진 달마를 조금씩 밖으로 보내서 그 달마가 다시 생노병사를 체험케 하고 있다. 그리고 그의 가슴은 시공을 초월해 있는 모든 달마를 저장하고 있는 산실이기도 하다. 그래서 그는 때로는 달마 위에 성기가 노출해 있는 모습을 그림으로 재현하고 여러 개의 성기가 등허리에서 발정하는 모습도 재현하는 것이다.

비록 달마가 인도에서 태어나 출가를 통해 불타의 법을 마지막 전수 받은 전법 제자이지만 이제 역사 속에 상징적 인물이 되어 버린 깨어나지 못한 입적한 존재이다. 그런데 중광은 견성실험(見性實驗) 속에서 달마를 만나고 이 시대의 달마를 재구성하고 있다. 사실 역사상 달마는 불타의 전법제자인 동시에 중국 선종의 직지인심(直指人心) 견성성불(見性成佛)을 주창한 개산조이다. 그리고 그는 동양의 소크라테스로 불식(不識)의 식(識)을 양무제에게 교전적 언어의 기능을 처음으로 부정하면서 지호문자를 제창한 비조이기도 하다. 그러나 그의 얼굴은 세일노스라고 칭할 만큼 추하고 다양한 개성을 이루고 있는 반면에 눈빛은 용광로의 불빛같이 푸른 바람이 넘쳐흐르고 있는 달마의 특징을 지녔다.
이러한 역사적 달마를 중광이 그림으로써 실험하고 있는 것은 매우 중요한 의미를 가지고 있다. 그가 그림으로써 역사적 달마를 재구성하고 있는 것도 중요하지만 달마가 지녔던 깨침이 중광에 도달하고 있는 것이 더욱 중요하다고 할 수 있다.
특히 달마는 일체의 유정물의 참된 본질은 곧 진성(眞性)을 공유(共有)한다는 자비를 갖고 있다. 그런데 달마는 이 진성이 항상 명확히 자신을 드러내지 못하는 이유를 오로지 외적인 대상이나 망상에 흐려져 있기 때문이라고 파악하고 있다. 그리고 자아(自我)도 타인도 존재하지 않음과 동시에 성(聖)과 심(心)이 하나의 본질임을 우리에게 제시하고 있는 점을 중광은 알고 있는 것이다. 그래서 중광은 달마를 여러 형태로 변화시킨다.
때로는 달마를 역사적 존재로 파악하여 달마를 재현시키는가 하면 달마(法)를 우주의 본질로 파악하여 자연의 일부와 아울러 새로운 형태로 창조하기도 한다. 이 모두가 중광이 출가를 통해 얻은 오도(悟道)의 무애(無碍)이고 자유이다. 그러나 그가 출가한 60년대의 불교는 한 사람의 본성도 깨우치게 하는 데 인색했다. 그리고 치열한 삶과 동떨어지게 지어져 있는 사원들은 역사와 상황을 잃어버린채 풍화(風化)된 자연만을 갖고 있었다. 다만 삶과 접촉을 잃어버린 본능적 절망만을 가지고 관념적 불교에 사로잡혀 있을 때가 60년대라고 할 수 있다.
그는 이러한 때에 제주도에서 부산으로 가는 배에 몸을 실었다. 생의 본적지 제주도를 버리고 새로운 정신적 신앙과 이상이 있는 현

주소를 찾아가는 떠남이 이루어진 것이다.
 "훗날 깨달은 것이지만 출가와 수행의 목적은 해탈의 의미를 자기 내부에서 완성하는 작업이고, 그것은 현실을 통해서 실현해야만 목적이 달성되는 것이야. 만약 고통에 속박당하여 고통의 근원을 깨닫지 못하면 출가의 의미는 이룩될 수 없어. 그래서 출가란 의미를 불교에서 말할 때 한 사회에서 다른 사회로 떠남이 아니라 자기 고통을 확인하는 첫 걸음으로 파악하는 이유가 여기에 있는 것이야."
출가를 위대한 떠남이요, 하나의 버림이라고 한 이유를 그는 철저히 알고 있었다. 사실 출가란 자기가 만든 삶을 부정하고 부정해 버린 삶을 통해 새로운 삶의 형태를 파악하는 일에 불과하다. 그래서 출가의 원초적 의미를 불타(佛陀)의 출가에서 찾으려 하고, 나아가 오늘날 우리 주위에 있는 사문(沙門)들은 불타가 출가를 통해 체득한 오도적 삶을 재현하려고 노력하는 사람들이다.
불타가 왕족의 신분으로 자기에게 주어진 현실을 부정하고 사문유관(四門遊觀)을 통해 소멸해 가는 인간의 생사를 발견했을 때 출가의 일치적 의미가 성립되었듯이 중광이 제주도에서 떠날 때 그의 가슴에는 출가의 의미가 이루어져 있었다.
 "1960년 늦여름, 나는 내 자신 속에 쳐 박혀 있는 온갖 위선과 위악, 그리고 지난날 삶으로 인해 얼룩진 상흔(傷痕)의 그림자를 끄집어내어 불태워 버리고 다시 태어나기로 결심했지. 살아있는 자연 속에 내 자신을 입적시킨 것이야. 발가락에 굳어져 있는 굳은 살점처럼 비대해진 비본질적(非本質的) 자아를 내 손으로 육고간에 매달려 있는 고기덩어리를 자르듯이 잘라낸 것이지. 그것도 고통이었어. 제주도를 떠날 때 애월면 관음사 주지가 소개장을 써 주어 해인사로 찾아갔어. 해인사를 찾아가게 된 동기는 응선스님에게 찾아가라는 관음사 주지의 배려 때문이었지. 그리고 제주도를 출발할 때 내 자신이 새로운 고통에 익숙되기를 원하는 결심을 하였지. 그래서 부산까지 가는 여비를 제하고는 한 푼의 돈도 갖지를 않았어. 그날 밤 잠을 이룰 수가 없었어. 지난날 체험했던 상념들이 모세혈관을 찌르는 바늘이 되어 되살아났어. 소주 한 병을 사서 내부에 간직한 삶을 축내듯이 조금씩 조금씩 마시고 있노라니까 50대가 갓 넘은 두 사람이 대작을 하면서 지껄여대는 소리가 귓전에 와 박혔어. 나는 천천히 뇌리에 머물러 있던 상념들을 지우고 그들이 떠들어 대는 소리를 도둑고양이처럼 엿들었어. 얼굴에 주름살이 부챗살처럼 낭자하게 깔려 있는 50대 중년 신사는 술을 마시는 것이 아니라 자기 슬픔을 알콜로 만들어 마시는 것같이 고통과 절망을 상대방에게 내보이고 있었어.

그런데 처음에는 그 모습이 참으로 고통스런 모습으로 보였는데 서서히 취기가 오르고 부터는 중년 신사는 자기 고통을 털어 보임으로써 어떤 쾌감에 도취되는 것 같았어. 그러나 이야기는 충격적이었어. 자기 어머니의 시체를 팔았다는 것이야. 그것도 팔 하나만 판 것이 아니라 썩고 없어질 몸 전체를 팔았다는 거야. 그런데 그의 이야기가 세상의 더럽고 추한 것을 모두 동원하고 있었지만, 오히려 음성은 더러운 것과 몸을 섞지 않고 있는 것같이 들리더군. 나는 한참동안 중년 신사의 일생에 빠져들어 천천히 전개되는 이야기를 빠짐없이 듣고 있었지. 이야기 결말은 호주머니에 어머니 시체 판돈을 제하고는 아무것도 가진 것이 없다는 거야. 그때야 나는 속으로 중년신사의 음성이 세상의 더러운 것과 몸을 섞지 않고 있는 정체를 내 나름으로 파악했지. 그것은 아무것도 소유하지 않은 데에서 이루어진 자유스러운 목소리였어. 그는 세상의 욕망과 집착, 애정을 버리고 구름처럼 떠돌아다니는 자유가 있었어. 아침에 연락선이 부두에 도착하여 중년신사가 떠나가는 것을 오랫동안 쳐다보았어. 측은한 모습을 발견할 수 없었고, 오히려 어떤 여유를 갖고 있었어.

부산에 내린 나는 중년신사에게 한 푼도 없다는 사실을 발견하고 아무것도 소유하지 않은 상태가 많이 갖고 있다는 사실보다 부담스럽지 않다는 것을 깨닫고 즐겁게 발길을 고통 쪽으로 옮겼지. 처음으로 아무것도 갖지 않은 거지가 된 것이야. 그리고 욕망이 없는 고통과 몸을 섞으며, 밥을 얻어먹으면서 해인사에 18일 만에 도착했어. 때로는 논밭에 일을 거들어 주고 밥을 얻어먹었고, 또 어떤 날은 지나가는 상여를 따라가서 시장끼를 채우기도 했었지. 잠은 여름이라 아무 곳에서나 잘 수 있었지.

해인사에 도착했을 때는 발가락에 물집이 생겨 더 이상 걸을 수 없는 상태였지만 출가를 할 수 있다는 신념 때문에 모든 고통은 잠적해 버리더군. 하루 저녁을 자고 아침 일찍 웅선스님을 찾아 소개장을 내밀었더니, 스님은 반가운 얼굴로 행자실(行者室)로 안내를 하고 사라지더군. 행자실에는 다섯 명이나 모여서 후배 동료가 찾아온 것을 반갑게 맞이해 주고는 심문을 하듯이, 어디서 왔느냐, 무엇 때문에 중노릇을 하려고 하느냐? 등 속된 질문을 하는 바람에 갑자기 피곤해져 버렸어.

그날 저녁 늦게 주지실로 불려간 나는 해인사에 행자가 만원이라는 바람에 전날 체험했던 좌절이 가슴 속에서 일어나더군. 물론 행자가 만원이라는 구실도 있었지만 그때 내 모양이 그들에게 심한 혐오감을 주었을 뿐만 아니라 골치 아픈 인물로 보였던 모양이야. 제주도 관음사에서 얻어 입은 중 옷을 입고 있었으니까. 그것도 웃옷은 중 옷이고 아랫도리는 다 떨어진 군복을 입고 있었으니 주지 눈에는 법의로 보일 수가 없었지. 여기서 만난 사람이 법일스님이야."

세상 사람들은 평생 동안 미혹의 상태에 빠져 있다. 따라서 우리는 어디서나 인간들이 탐욕과 아첨에 사로잡혀 있음을 본다. 이것이 바로 집착이다. 그러나 깨달은 자는 권리를 이해하며 집착과 세속의 길로부터 회귀(回歸)하려고 한다.

또 항상 공과(功過)는 마치 빛과 그림자처럼 상관관계에, 번다한 세계에 너무 오래 머물러 있다는 것은 불붙은 집에 사는 것과 다름없다.

중광은 비록 해인사에서 출가의 득도를 못했지만 마음이 욕망과 갈구로부터 해방되어 현상계의 만물로부터 초연해 있음을 발견할 수 있다. 사실 온갖 고뇌는 집착에서 생기며 진정한 즐거움은 그 집착을 놓아 버리는데 있다.

중광의 마음속에는 구하는 바가 없는 우주의식 같은 욕망의 불덩어리가 타고 있었다. 행자실에서 수인사를 한 중광은 법일과 같이 일주문을 나서면서,

"통도사로 갑시다."

하고 제의를 했다.

"통도사에 아는 사람이 있어요?"
법일은 걱정스런 표정으로 물었다. 해인사에서 득도치 못한 것이 마음에 걸리는 모양이었다.
 "부처도 있고 중도 있겠지요."
 "막연히 찾아가서 또 거절당하면 어떻게 합니까?"
어린애마냥 법일의 눈에는 근심이 가득했다.
 "부처님이 고통 받는 중생을 외면하고 거절하면 부처가 아니지."
 "해인사에서는 왜 거절당했어요?"
 "인연이 없었던 거야."
중광의 입에서 인연이란 말이 튀어나왔다. 사실 거미줄처럼 얽혀 있는 것이 인연이다. 법일과의 만남도 인연이다. 생면부지의 신분으로 다만 출가하겠다는 신념 때문에 두 사람은 해인사에서 만난 것이다. 때로는 인연은 바람과 같은 생리를 갖는다. 빈 벌판에 형체 없이 떠돌다가 서로 몸을 섞은 것이 바람이다. 그래서 인간도 떠도는 바람마냥 이곳 저곳을 헤매다가 상대를 만나고 남녀의 애정을 주고받고 마음과 마음을 섞는다.
 "걸어서 통도사까지 가요?"
 "걷는 것 자체가 고행이지요. 고통에 익숙해 있지 않고 성불할 수 있겠소. 지금부터라도 몸속에 있는 비열하고 야비한 피를 뽑아 버립시다. 통도사에 까지 걷다보면 욕망을 키우던 더러운 피는 다 소모되고 말 것입니다."
두 사람이 열흘 동안 걸었을 때 밀양에 도착할 수 있었다.
저녁 노을이 남천강을 물들이고 있었다. 수천 수만의 붉은 보석들이 강에서 눈을 뜨는 것 같았다.

"더 이상 걷지 못하겠어요. 행자님 혼자 가요."
법일은 지쳐 쓰러져 버렸다. 영원히 일어나지 못할 사람처럼 무기력했다.
"수행자는 고통 받는 삶과 익숙해 있어야 합니다. 생사를 초월하겠다는 사람이 생사에 절망하지 않고 되겠습니까?"
법일은 누워서 아픈 다리를 만지며 중광의 이야기를 들었다.
"인간의 육체 속에는 두 개의 세계가 있어요. 심층으로 내려가는 내적 통로를 따라가 보면 한없이 즐거운 세계가 있는가 하면, 한없이 괴로움이 깔려 있는 세계도 있습니다. 특히 여자를 소유해 보면 알 수 있어요. 육체와 육체의 밀착으로 인하여 일어나는 쾌감은 본능이 만들어 낸 즐거움이지요. 그러나 그것은 오랫동안 지속될 수 없는 즐거움이지요. 물질적인 것도 마찬가지입니다. 부피가 더해 갈수록 즐거움이 따르지만 반면 그만큼 고통도 동반되지요. 우리가 찾아가는 길은 두 가지의 길에서 벗어나자는 일이 아닙니까?"
"피곤해요."
법일은 중광의 설교가 귀찮다는 듯이 중지시키려고 했다.
"양복(兩服) 맞추어 본 일이 있어요?"
"지금 입고 있는 것이 양복(洋服)이잖아요."
"그 양복 말고. 여자의 우유빛 같은 하얀 속살과 행자님 배와 한 몸이 되어 맞추어 본 일이 있느냐 말입니다."
"제주도에 있을 때이지요. 저녁 늦게까지 주막에서 술을 마시다가 그날 밤 주모와 같이 잠자리에 들었지요. 양복을 맞추고 담배 한 대를 피우고 있을 때 방문을 발로 걷어차며, 당신 또 서방질 하고 있구나, 소리를 지르는 바람에……"
이야기가 중간에 뚝 그치자 법일은,
"그래 어떻게 되었지요?"
하고 반응을 보였다.
"그때는 삼십육계가 제일이지요."
뒷날 법일은 표충사에서 처지고 중광 혼자 제약산을 넘어 통도사에 도착했다. 통도사에서 시작된 중광의 고행은 풍부한 인내로 인하여 내면적 자유스런 공간이 확대되었다. 그렇다고 처음부터 순탄한 출가의 삶이 이루어진 것은 아니었다.
행자실에서 잡된 일을 돕던 어느 날 학인들의 꼬임에 빠져 창고 자물쇠를 열어주는 바람에 그는 또 한번 퇴사(退寺)명령을 받지만 그것을 단식으로 극복한 불덩어리 같은 신념을 갖고 있었다.
"창고에 제사 지낼 음식이 있는 줄 몰랐습니다. 학인들의 애교에 그만 넘어가 자물쇠를 열어 주었더니 그들은 음식을 훔쳐먹는 것이예요. 뒷날 모든 책임은 나에게 돌아왔지. 그러나 물러설 수가 없어 단식으로 정당함을 주장했더니 대중공사가 벌어졌고 끝내는 월하스님 승낙으로 출가가 이루어졌지. 월하스님은 내 발목을 붙든 은인이야. 그 후로부터 나는 밭에 나가 일하는 원두라는 소임을 맡았어. 오줌 똥을 져다가 채소를 가꾸던 어느 날이야. 옆방에서 노승의 신음소리가 들리는 바람에 잠을 청할 수가 없었어. 마치 그 소리는 빈 들, 논에서 개구리 울음소리가 만들어 내는 가래 끓는 소리와 흡사했어. 방문을 열고 노승의 방에 들어섰을 때 참기 어려운 악취가 코끝을 자극했어.
노승은 중풍에 걸려 행동이 중지되어 있었고, 겨우 똥 오줌을 방에서 보고 있었는데 누구 한 사람 그것을 치우질 않았어. 그날 밤 노승을 목욕시키고 방안을 청결히 치우고 나서 잠을 청했지만 간헐적으로 가래 끓는 소리가 베개 머리맡에 와 닿으면서 개구리 울음소리로 변했고, 그 소리를 듣다가 결국 잠을 설치고 말았는데, 노승은 그 이튿날 이승의 삶을 포기하고 입적해 버렸어.
노승의 시체는 쓸모없는 물건을 태우듯이 화장막에서 태워졌고, 누구 한 사람 슬픈 조상(弔喪)에 못이겨 우는 사람도 없더군. 화장을 마치고 절로 돌아와 잠자리에 누웠을 때 허무한 노승의 삶이 확대되어 머릿속을 지배하는 통에 잠을 이루지 못하다가 잠깐 눈을 부쳤을 때 노승이 생시처럼 꿈속에 나타나 아직 내 다리 하나를 가지고 가지 못했으니 그 다리 한쪽을 수습해 달라고 부탁을 하고 사라져 버렸어. 나는 마치 큰 물체에 관자놀이를 얻어맞은 기분으로 화장막으로 달려갔지. 가쁜 숨을 몰아쉬며 다비장에 도착했을 때 머리와 팔, 그리고 몸뚱이는 벌써 재가 되어 있었고, 다만 한쪽이 타다가 남은 채로 있음을 발견하고 다시 장작을 쌓아 기름을 붓고 그 다리 한쪽이 타서 재로 소멸될 때까지 그날 밤을 불면으로 보냈지. 노승의 환영이 사라지지 않아 밤이면 불면 속에서 그를 만났고, 낮이면 다시 밭에 나가 채소를 열심히 가꾸었지. 하나의 정성은 진실을 이룩했어.
지난날 몸속에 처박혀 있던 허영들이 서서히 소진되었고, 마음은 허공처럼 맑아지기 시작했어. 얼굴은 세속의 모든 땟자국을 말끔히 씻어버렸지. 그때야 득도식(得道式)을 가져야 한다고 사중(寺中)에서 요청을 하더군. 출가한 지 2년 만에 삭발을 한 것이지."

지금 시간은 6월 13일 19시
오늘이 머리 깎기 위해
五欲七情의 번뇌 속에
無常을 모르고 살아왔던가
아 슬프다. 내가 그린 인생이여
비극의 슬픔에서 간단없이
비극의 출현으로만 끌려든
전생의 모든 것을
다시 없는 오늘의 이별에
삭발로 迷惑을 告하자

저 흘러가는 구름은 정한 길
없어도
天地간에 오락가락 하는데
이내심사 알아 줄이 없건만
저 흘러가는 구름은
인생은 나와 같이
산다고 말하며 가네
바다 천리 육로 오백리 길
바람같이 통도사를 찾아드니
절벽이 가로 놓여도 굽히지 않으려는
큰 뜻을 누가 알리요.

1962년 6월 13일, 그는 출가와 견성의 공간에 발을 들여놓을 수 있었다. 그때 중광의 나이는 27세였다. 27년간 이끌고 다니던 허망한 자아를 자신 속에 입적시켜 버리고 구도자로 새롭게 탄생한 것이다. 이때 얻은 법명이 중광(重光)이다.

그는 구하노사(九河老師)를 은사로 하여 이때부터 자기 내면 속에서 달마를 실험하는 정진을 계속했다.

자기 자신을 죽이는 것, 허망한 자아(自我)에서 벗어나는 것, 텅빈 마음에서 안식을 찾는 것, 그리고 자아 일체가 초극되고 소멸되었을 때 내심자증(內心自證)에 들어설 수 있는 것을 그는 발견하고 있었다. 그래서 그는 처음부터 자아 그대로를 인즉심즉불(人卽心卽佛)로 파악하지 않고 심성(心性)에서 일어나는 마음이 번뇌와 몸을 섞지 않은 작업부터 시작했다. 그것이 밥 짓는 일, 공양주하는 노릇이었다.

공양하는 것을 법으로 삼고 무념(無念)의 심중에 도달하려고 했다. 때 묻지 않은 일심(一心)으로 부처님께 공양을 드리듯 자기 마음을 길들여야 했다. 자기 마음을 대중의 고통을 위해 버릴 때 참으로 진실한 마음이 일어난 것도 이때 깨달은 것이다.

중광은 2년 동안 쌀을 깨끗하게 씻은 다음 쌀 뉘를 그 많은 쌀에서 일일이 가려냈다. 그것은 세속에서 형성한 번뇌와 잡념, 그리고 욕망의 뉘를 가려내는 일이었다.

쌀 한 알도 버리지 않았다. 쌀 한 톨이 그에게는 소중한 진실이었다. 그래서 그는 지금도 수행자를 만나면 밥할 줄 아느냐고 묻는다. 밥 짓는 일이 중광에게는 자성(自性)을 개오(開悟)하는 일이었고, 진실한 마음을 부리는 일이었다.

여자를 다루는 것도 그는 밥하듯 정성을 들이고, 조절을 잘하면 얼마든지 성취를 이룬다고 믿었다. 이런 정신은 참선과 직결되었다. 주어진 화두(話頭)를 밥 짓는 일에 결부시켰다.

시심마(是甚麿) —마음이 무엇인가? 마음은 색깔도 없고 모양도 없고 냄새도 없고 있는 것 같기도 하고 없는 것 같기도 하는, 한없이 넓고 소소영영(昭昭靈靈)하면서 찾으면 찾아지지 않는 마음을, 음률을 조정하듯 마음의 주체를 파악했다.

그러나 마음속에는 지난날 체험했던 상념의 그림자들이 남아 있었다. 그리고 마음이 맑아지면서 육체도 아니요, 의식도 아닌 자기 자신의 영원한 자아(自我)에 관한 내밀한 깨달음이 내부에 물이 고이듯 머물러 있음을 발견했다.

重光 —그는 누구인가?

푸른 바다를 방석으로
깔고 앉아

虛空窓을 활짝 열어놓고
세상 밖에 앉았어라

구름은 골에서 숨어 놀고
나는 하늘에서 無孔笛을 탄다
바다랑, 고기랑, 노루랑
하늘 떼들이 모여들어
덩실 더엉실

어수생 깊은 골에 토담집
묻어 놓고
사람보다 더 착한 산짐승
데불고 살까

가는 세월 오는 세월
다 묶어 불쏘시개 하고

초가집 돌담구멍 구멍마다
三多島 설화가 주렁 주렁
달린 포도넝쿨
따먹으며 살란다.

제주도는 중광의 고향이다. 예술적 천재성과 광기를 만들며 살아온 생(生)의 본적지이다.
앞에 소개한 시는 그가 고향을 떠올리며 지은 시다. 완벽한 서정의 완성이라고 할 수 있고, 그가 체득한 우주의식을 형상화한 시(詩)다. 적절한 관념을 섞으며, 직관에서 이루어진 선적(禪的)인 에스프리가 사물에 밀착되어 아름다운 빛깔을 창출해 내고 있고, 유년의 가난과 슬픔, 그리고 절망이 한데 엉켜 제주도와 한라산 풍경을 재구성하여 노래하고 있다.
특히 그의 시에는 감성(感性)과 직관(直觀)이 한데 어울려 삭아서 흘러내리는 것 같은 가락이 있고, 그 가락은 청결한 리듬을 동반하고 있다.

푸른 바다를 방석으로
깔고 앉아…

가는 세월 오는 세월
다 묶어 불쏘시개 하고…

위에 인용한 구절들은 그가 출가(出家)를 통해 체득한 우주의식과 무애 감각을 새롭게 형상화 한 것이다.

— 푸른 바다를 방석으로 깔고 앉았다는 것이나 가는 세월 오는 세월을 불쏘시개로 삼는다는 그 자체가 중광에게는 내적 개안(開眼)이라고 할 수 있다. 사실 깨우침의 경지에서 보면 우주도 조그마한 개체에 불과하다.

중광은 고향 생각이 떠오르면 '한라산에 와서'란 자작시를 읊는다. 그만큼 그가 태어난 고향은 잊혀질 수 없는 동경의 대상이며, 이승의 인연을 만든 생의 본적지이다. 중광은 이곳에서 예술가로서 많은 것을 체험하고 관찰한 것이다.

1935년 1월 4일 제주도 제주시 외도리 275번지에서 고용옥(高龍玉)을 부로 이진호(李眞浩)를 모로 하여 고씨 집안에 둘째 아들로 태어났다. 그의 가계(家系)는 대대로 처절한 가난을 증가시켜 온 가난한 농부의 이력을 갖고 있었으며, 아버지 대에 이르러서는 농업과 철공업을 병행했다.

그의 아버지는 모두 5남매를 두었지만 중광에게 맏형이 되는 형님은 6. 25때 전사했다. 그래서 그는 불행하게도 상속자로 승격되어 부모의 유산을 어쩔 수 없이 받아야 했다. 그러나 그는 농부로서 적합하지 않았다.

소작인을 다루기 위해서 가을 추수를 보살피라고 보내면 그는 서귀포에 지고 있는 장엄한 저녁 낙조(落照)를 바라보고 있을 정도였다. 그리고 말들이 놀고 있는 모습에 흥취되어 오랫동안 말머리에서부터 몸뚱이, 다리, 꼬리까지 관찰하다가 엉덩이에 붙어 있는 치부를 발견하는 것이었다.

시꺼멓게 물들어 있는 자욱에 붉은 피가 흘러내리고 있는 것을 관찰하다가 문득 새로운 욕정을 만나기도 했다. 그에게 처음으로 말이 지닌 음부를 통해 인간의 본질적인 욕망이 열린 것이다.

1935년, 그러니까 그가 태어난 때의 시대적 상황은 일본 군국주의가 식민지 확대에 광분하고 있을 때이다. 일제는 1931년 만주에서 사단(事端)을 일으키고, 그 다음 해에 일본의 괴뢰정부(만주국)를 세워서 또 하나의 식민지를 확대해 갔다.
특히 1935년 경에는 유럽의 정향(政向)이 복잡다단하게 움직이게 되자 일제는 중국 본토를 침략하기 위해 1937년에 다시 전쟁을 도발하여 중일전쟁(中日戰爭)을 일으켰고, 그 다음 해에는 그 침략행위를 변호하기 위해 이른바 대동아신질서(大東亞新秩序)를 내세웠다.
1938년, 그러니까 중광의 나이 네 살 때였다. 어머니 젖무덤에서 겨우 떨어져 사물을 제나름으로 바라보고 있을 때였다. 일본은 이때 유럽에서 제2차대전이 발발하자, 중국에 대하여 결정적인 타격을 가하기에 실패하여 다시 동남아 대륙과 도서들, 그리고 서남태평양 방면에의 침략을 꾀하고 그해 9월에 중국의 해남도를 점령했다.
1940년에는 프랑스의 붕괴를 계기로 일본은 타이와 인도차이나에 압력을 가하고 미얀마, 말레이반도 및 서남평양 방면으로 침략할 태세를 갖추었고, 이때 그들은 대동아공영권이란 구호를 내세웠다. 그리고 한국을 하나의 병참기지로 삼아버렸다.
더욱이 1936년 중광의 나이 두 살 때였다. 국내 주요 산업을 법령으로 통제하여 일본의 전시경제 체제하에 군수공업을 중심으로 하는 한국 경제의 재편성이 강요되었다. 이렇게 중광의 유년기에는 일본에 대한 상흔이 깊었다.

"모국어를 배울 수가 없었어요. 어머니가 이불 속에서 가르쳐준 말들은 혼자 외우느라고 하루 종일 들에 나가서 염불처럼 중얼거렸죠."

그리고 1938년에는 일본은 발악을 하듯이 일본식으로 창씨개명을 강요했다. 중광은 어머니 품에서 민족의 상흔을 체험했다. 그리고 그가 태어난 해에 송만공(宋滿空)이 선종수좌대회(禪宗首座大會)에서 종정으로 추대되었다.

종정으로 추대된 만공은 이듬해 총독부 회의실에서, '조선불교를 타락시킨 놈들 지옥에 갈 것이다'고 일할(一喝)을 퍼부으며, 남차랑(南次郞)의 면전에 잿떨이를 던졌다. 그날 저녁 만해(萬海)는 만공을 맞으며, '시원하다, 참으로 시원하다, 그렇지만 할(喝) 보다는 봉(棒)이 나을 뻔했어'하고 안타까워 하자, '곰은 몽둥이를 쓰지만 사자는 할을 쓰는 법이야'라고 했다.

이런 해프닝이 있을 무렵 1936년에 한국이 낳은 위대한 화가 이중섭은 오산학교를 졸업하고 1937년 일본문화학원 유화과에 입학했다. 그런데 중광에게는 유년기에 대한 기억이 없었다. 치욕적 삶의 상흔은 가슴 깊이 묻고 태워버렸는지 전혀 부친과 모친, 그리고 형제들에 대해서 상황을 떠올려주지 않았다. 다만 말, 돼지, 개구리, 거미 등의 동물에 대한 애정만 고통으로 남아 있었다. 하루 종일 말과 같이 들에 나갔다가 말이 녹아버리고 자신이 말이 될 때까지 바라보다가 집으로 돌아왔다.

"하루는 집에서 키운 말들을 데불고 한라산에 올라 갔어. 나는 말 곁으로 가 말의 밑 부분을 아주 소중스럽게 애무를 했지. 그놈은 이상한 소리를 지르더군요. 그때 나는 키자 작아 돌담으로 기어올라 내 작은 물건을 그 속에 집어넣어 보았어. 그 뒤부터 말은 나에게 애무를 하기 시작했어. 풀밭에 누워 있으면 혓바닥으로 나의 얼굴을 핥았었어."

인간의 애정으로 가득할 시기에 그는 애정을 잃고, 동물의 애정만이 그의 마음을 흔든 것이다.

"내가 관찰하고 목격한 중에 개구리란 놈은 발정기에 이르러 대단한 흥분을 하더군. 숫놈은 암놈을 차지하기 위해 격투를 벌이고 여기서 승자가 일단 암놈을 껴안으면 그 어떤 것으로도 숫놈과 암놈 사이를 떼어 놓을 수가 없었어."

1978년 '현대시학' 7월호 표지에 그가 그린 개구리 그림은 많은 사람들의 시선을 집중시켰다. 두 놈이 한데 엉켜 애정을 교환하는 모습은 부부애의 황홀한 극치를 환기시켜 주었다.

제주도 한라산 하나가 대양 가운데 떠서 큰 배마냥 떠나는 것 같다. 그리고 유채꽃이 해안과 중간산 지대의 밭에 일제히 피어 몽유도원도경을 만든다. 그것 뿐 아니다. 다공질(多孔質)의 현무암이 전체의 제주도를 형성하고 있다.

중광은 이런 제주도에서 바람과 돌, 여자들이 지닌 삼다(三多)의 원리를 소중하게 체험했다. 그리고 아침이면 수만 수천의 무게를 연상할 붉은 햇살을 받았고, 저녁이면 방안에 들어와 천장과 벽에 낮에 열심히 체험했던 말과 개구리, 돼지 모양을 재현했다. 천장과 벽은 그에게 있어 유일한 캔버스였다. 누가 그림을 지도한 것도 아니라 마음속에 담겨진 이미지들이 회화의 한 형태로 부각된 것이다.

"네 놈은 진실한 농부가 되어야 한다. 그림장이가 되면 안된다."
중광의 모친 이씨는 방안의 낙서를 발견하고 그에게 매질을 한 것이다.
그는 아픔도 잊은 채 자기가 그린 그림만을 쳐다보면서 '저 말의 성기는 참 예쁘죠'하고 '엄마!' 딴청을 부리면 모정의 진실은 그에게 매를 대는 것이었다.
매를 맞고 난 날이면 중광은 돼지우리에서 하루 종일 잠을 잤다. 다시 일어나지 않을 사람처럼 죽음보다 깊은 잠을 자곤 했다.
"네놈은 돼지가 되려고 하냐? 망칙해라."
집에 없는 아들을 돼지우리에서 발견한 모친은 기절초풍을 한 것이다.
"네 몸속에 이상한 피가 흐르고 있는 모양이다. 참으로 망칙해라."
"어머니, 이곳이 따뜻하고 좋아요."
"누가 볼까 두렵다. 속히 일어나라."
짐승처럼 끌려서 집으로 돌아오면 그는 망연히 천장을 쳐다보는 것이었다. 그리고 몇날 며칠을 부엌에서 밥을 지었다.
"창률(중광의 속칭)이는 여자보다 밥 짓는 솜씨가 낫다."
처음으로 모친의 입에서 칭찬이 이루어졌다. 칭찬을 받은 뒷날이면 그는 아침 일찍 집에서 나와 매우 조소적인 호도(虎島) 일대에 번진 동지나해 대낙조의 장관을 하루 종일 관찰했다.
여기에서 중광의 훗날의 황홀한 색채가 이루어진 것이다. 그러나 그는 10대를 지나면서 4.3사건과 6.25의 민족상쟁의 비극을 체험해야 했다. 그리고 미친듯이 한라산 남록이 마당까지 내려와 있는 지귀도(地歸島), 문도(蚊島), 삼도(森島)를 매일매일 찾아가 짐승처럼 포효하는 바다를 관찰했다.

소도둑놈

4.3사건과 6.25는 제주도를 흥분하게 했다. 평온한 제주도에 인민군, 피난민들이 몰려들어 동지나해에 떴다 지는 장엄한 대낙조 같은 피를 흘리게 하였고, 군데군데 깊은 상흔의 칼자국을 만들었다.
밤이면 공비들의 습격으로 인해 민가에는 죽는 사람이 속출했다. 그리고 낮이면 피난민들의 걸식 행각이 줄을 이었다.
어느 날 중광에게 맏형이 전사했다는 소식이 전해졌다. 전쟁이 형님을 희생시킨 것이다. 부친 고씨와 모친 이씨는 장남의 전사 소식에 기절했다. 처음으로 중광에게 죽음의 문제가 제기되었다. 인간은 누구나 죽음 하나를 가지고 다니는 존재이다. 그것을 어느 때 어느 장소에서 실현할는지가 문제이다.
전쟁의 역사는 항상 이루어진 역사라면 동작동 국군묘지 앞에 있는 팻말은 전쟁이 만든 비극의 팻말이다. 형님은 6.25가 발발한 지 3일 만에 전사한 것이다.
이후 중광의 부모는 삶에 대한 치열한 의욕을 잃기 시작했다. 서서히 삶이 있는 자리에서 일탈하여 마치 죽음을 향해 걸어가는 짐승마냥 식음을 전폐했다.
"형님은 죽었지만 제가 있잖아요."

더 이상의 말로 부모를 위로하지 못했다. 그만큼 중광은 부모에 대한 애정에 절실하지 못했다. 부모가 노동력을 잃자 그는 스스로 일자리를 찾아 일하지 않으면 안 되었다.

한라산 공사판을 찾아 처음으로 막노동을 했다. 선천적으로 타고난 힘과 정력은 중광으로 하여금 새로운 삶의 의미를 만들게 했다. 이때 그는 그림에 대한 환상을 떨쳐버리고 공무원이 되려고 법학개론, 형법, 민법, 형사소송법 등 법률서적을 탐독했다. 천부적으로 타고난 예술가의 소질이 가슴속에서 잠깐 유보된 것이다. 낮에 땀을 흘리고 난 그는 밤이면 인부들의 술자리를 피해 독서에 열중했다. 그러나 그것은 잠깐 동안이었다. 현장에서 운명을 같이 하고 있는 인부들이 독서에 열중하도록 놔두지를 않았다. 할 수 없이 그들의 사이에 끼여 같은 운명의 배를 타지 않을 수 없었다. 어느 날 술자리에 흥분은 고조되었고, 그때 누군가 한 사람이 송아지를 훔치자고 제의했다. 한 사람의 반대도 없이 취기에 그들은 산에서 방목하는 송아지를 훔쳐와 잔인하게도 그날 밤 도살했다. 그리고 술을 마셨다. 술은 잠시 불행을 중절시켰다. 그러나 술이 깨고 났을 때 그들의 범행은 완전하지 못했다. 인부들 중에 밀고자가 생긴 것이다.

법률을 공부하던 그는 경찰서에 끌려가 처음으로 자신이 탐독하던 법률 조항에 자기 행위가 부당하다는 것을 깨닫게 되었다. 그리고 그에게 처음으로 철창신세의 운명이 시작되었다. 중광은 그때의 잔인한 기억을 망각하지 않고 다음과 같은 시로 떠올려 주었다.

　죄는 무게가 있어

무거운 것이 아니외다
幽冥之間에 다짐을 받는 데서
내 죄가 한없이 무거웠던 것이외다

죄가 울어 운 것이 아니외다
피눈물의 참회가 내 죄에
나를 울린 것이외다

죄가 죄를 아니 짓겠다고
한 것이 아니외다
내가 있기에 다시는 내가 죄를
아니 짓겠다고 한 것이외다

천당 극락도 지금은 발달되어서
21세기를 달리고 있다

그래서 지금은
지구를 팔아먹은 놈
진리를 팔아먹은 놈
극락을 팔아먹은 놈
선한 일을 팔아먹은 놈
민심을 팔아먹은 놈을
모집한다고 한다

나는 백방으로
뛰었지만
한 사람도 없어서
나는 392
나는 392
나는 392

그때 중광이 받은 수인번호가 392란 것이다. 그리고 그는 그때의 고통을 통해 인간의 진실과 양심이 소중함을 자각했다고 했다. 이것은 인간의 원초적 본원으로 돌아가려는 본질회귀 정신이다. 그리고 인간 내면에 깊숙이 박혀 있는 더러운 욕망의 덩어리를 버리고 본성(本性)의 자유스런 면목을 처음으로 소유한 것이다. 그러나 우리를 주목케 하고 있는 것은 세상의 온갖 위선에 분노를 터뜨리고 있는 점이다.

그 분노 속에는 성직자의 타성에 빠진 허위의식까지 낱낱이 지적하고 있어 그가 본성의 자유스런 공간에 발을 들여놓고 있음을 발견할 수 있다. 그러나 중광에게 유년(幼年)은 악몽이었다.

일본이 만들어 놓은 고질적 고통과 민족상쟁의 비극은 중광에게 있어 참을 수 없는 고통이었고, 지워지지 않는 악몽이었다.

형님을 전쟁에서 잃고부터 중광의 부모는 이 세상 온갖 고통을 한꺼번에 체험한 사람처럼 넋을 잃어버렸고, 둘째 아들 중광에게도 학교에 가는 것을 반대했다.

"이놈아! 형님을 보아라. 사관학교까지 졸업한 놈이 죽지 않았느냐?"

자식을 잃어버린 한을 참지 못해 가슴 속에 담겨진 울분을 한꺼번에 털어놓는 듯했다.

"학교는 못간다. 우리 글도 못배우는 형편에 왜놈의 글을 배워."

부친은 중광이 학교에 가는 것을 적극 반대했다. 1938년 민족의 비극과 치욕이었던 창씨개명을 부친은 치가 떨리는 듯 분노를 삼켰다.

"한문을 배워라. 그래도 한문을 배워야만 우리 민족의 얼과 혼을 배울 수 있다."

일본 말을 배우는 것도 한글을 배우는 것도 반대였다. 오직 한문만이 인생의 깊은 진리를 깨달을 수 있는 학문이라고 막연히 생각했다.

중광의 부친은 자기 인격에 알맞은 또 하나의 인격을 만들려고 했다. 그것은 중광에게 불행이었다. 아버지가 가지고 있는 지식의 틀에 그가 끼워져야 하는 시대적 오류가 있었고, 학문적 개안(開眼)이 없는 강조만이 있었다.

전근대적 사고방식과 보수적 안일한 사상이 만든 고집이었다. 그러나 부친의 고집은 천부적으로 타고난 중광의 아집과 집념을 꺾지 못했다.

"학교엘 가야 합니다. 일본을 알아야만 일본을 이길 수 있습니다."

중광의 마음속에는 나라를 빼앗기고 모국어를 잃어버린 것이 한이 되어 굳어 있었다. 백범 김구 선생이 일본 헌병에게 붙잡혀,

"당신네가 내 몸을 때리면 때릴수록 내 몸에서는 만세소리가 나옵니다. 내 몸에는 만세소리가 꼭 찼으니까요."

하고 민족을 위해 뜨겁게 자기를 버렸듯이 중광에게도 모국어가 가슴에 가득 차 있었다.

그는 아버지의 완강한 고집을 설득하여 제주도 외도초등학교에 입학했다. 비록 나라를 빼앗기고 모국어를 잃어버린 상황이었지만 학교에 가는 것만은 중광에게 즐거움이었다.

"보통학교에 입학하여 나는 좌절하기 시작했습니다. 학생들의 얼굴에는 지울 수 없는 우울과 분노가 한데 엉켜 있었고, 슬픔을 질근질근 씹고 있었어요. 그들은 휴식시간에도 우리말 쓰는 것을 살폈고, 교실에서는 서툰 일본말을 하게 했어. 그래도 이런 울분은 1, 2학년 때는 잘 몰랐어. 3학년 때부터는 참을 수 없는 분노가 짐승처럼 가슴 속에서 꿈틀거리기 시작했지. 그것뿐 아니야. 학교 수업은 오전만 하고 오후에는 솔방울 줍기, 익모초 캐기, 소나무 기름빼기, 숯굽기, 학생들로서 하기 힘든 일들을 강제노동을 시키듯이 그들은 감행했어. 모두가 전쟁에 필요한 물량을 어린 학생들로 하여금 충당케 한 것이지. 만약에 그들의 명령을 어기는 날이면 참기 어려운 고문과 매질이 시작되었고, 부모에게까지 화가 미치게 하였어.

 어느 날이었어. 한 반에 공부하던 친구가 아버지가 병원에 입원한 거야. 그래 시중을 들다가 학교에 못나온 것이지. 그 뒷날 그 친구는 일본 선생 앞에서 모진 매를 맞고 쓰러졌어. 그래도 그들은 고문을 하듯 어린 학생의 몸에 지울 수 없는 상처를 내더군. 나도 3학년 때부터는 학교에 가는 것이 싫어지더군. 소나무 기름 빼는 일도 고되었지만 군사 훈련이나 다름없는 교련이 더욱 참기 힘들었어.

힘에 겨워 교련을 따라 하지 못하면 짐을 싣고 허덕이는 짐승을 때리듯이 그들은 사정없이 후려갈기고 때렸어. 그리고 학교에 가지 않으면 반장을 시켜 잡아오도록 했지. 나는 할 수 없이 집에서는 학교에 간다고 말을 하고는 쌀독에 숨어 버렸어. 그들은 집안을 온통 쥐잡듯이 뒤지면서도 내가 쌀독에 숨어 있는 것을 발견하지 못하더군. 그래서 초등학교를 열 여섯살에 졸업한 것이야. 이때가 6.25가 일어날 무렵이었지. 그리고 2년간 집안일을 돕다가 열여덟에 중학교를 들어갔는데 이때 집안이 어려워 할머니께서 입학금을 주었지. 3일은 학교에 가고 3일은 나무를 해다가 등록금을 마련했지. 나에게는 잊을 수 없는 유년의 고행이야.

중학교를 졸업하고부터 나는 형님이 읽던 책들을 읽으면서 막연히나마 육지와 바다를 생각했지. 큰 배마냥 떠있는 제주도가 하나의 큰 감옥처럼 생각되었고, 이곳을 탈출하지 못하면 내 체내에 쳐박혀 있는 바람기가 나를 미치게 할 것이라고 믿고 있었지. 나는 항상 제주도가 지니고 있는 풍물, 그리고 바람과 여자와 돌, 이 셋중에 바람기가 우리 어머니의 체내에 들어가 나를 잉태했을 때 몸을 섞고 피가 되어 나를 떠돌게 한 것이라고 믿고 있었지. 그 생각을 지금 하니 틀리지 않았어.

나를 지금 떠돌게 하는 것은 바람의 생리때문이거든. 그리고 또 하나 유년의 고행 속에 잊을 수 없는 일은 사람이 사람을 죽이는 현장을 많이 목격한 것이야. 특히 4.3사건에 수많은 사람들이 목숨을 잃었지. 좌익과 우익의 충돌, 잔인무도한 공비들의 무차별한 살인행위가 제주도를 더럽히고 말았어. 그때는 죽이는 방법도 잔인했어. 총이 아니면 대나무로 만든 창으로 사람을 죽이더군.

나는 제주도를 탈출할 유일한 방법을 생각해 보았지. 그것 중에 하나가 실행된 것이 군에 입대한 일이지. 이때부터 내 몸에는 한 군데 오래 머물지 못하게 하는 바람의 생리가 발작을 했어."

자신이 자기 제사를 지내고

인간은 누구나 삶과 죽음을 가지고 다니는 존재이며 어쩔 수 없이 죽음을 향해 걸어가지 않으면 안된다. 그리고 인간의 삶을 존재의 밑바닥까지 몰고 가보면 거기에는 분명히 죽음이 어둠과 결탁해 있을 것이다. 죽는다는 것은 삶의 멸망이며 죽어버린 지혜 앞에는 임종 그 자체가 두렵지 않다.

중국 도은봉 선사와 같은 이는 자기 열반을 하나의 액션과 해프닝으로 연출하여 삶과 죽음이 분리되는 것을 실제로 연출해 보이기도 했다.

그는 어느 날 많은 대중 앞에 서서 임종한 사람, 앉아서 임종한 사람은 있어도 물구나무로 서서 죽은 사람이 있느냐고 묻고, 없다고 하자 그 자리에서 물구나무처럼 서서 입적했다. 또 송나라 당시 진진주란 선사는 도둑떼에게 잡혀 죽음을 면할 길이 없자,

"나는 죽는 것을 두려워 않는 사람이요, 그러나 지금 몹시 시장하니 밥 한 그릇만 주시오. 그러면 나에게는 더할 수 없이 최후의 만족이 될 것이며, 또한 당신들에게는 큰 공덕이 될 것이요."

도둑들은 기가 막혔지만 노승의 청을 들어주지 않을 수 없었다. 밥 한 그릇을 맛있게 먹어치운 노승은 다시,

"자, 이젠 내 일은 다 마쳤는데 내가 죽으면 누가 나의 제문을 지어 주겠소?"
하고 도둑들을 훑어보았다. 그들은 노승의 여유에 압도당하여 말을 잃고 있었다.
"그러면 내가 지어야지. 오호라 영식(靈識)이여, 이 몸을 고달프게 함은 생(生)함이니, 즉 대지의 허물이요, 이 몸을 사라지게 함은 수명(壽命)이니 즉 음양의 과오요, 이 몸을 곤하게 함은 운명이니 또한 시일이 불길함이로다. 슬픈지라, 다행히 출진(出塵)하여 대도(大道)가 있어 나의 성품으로 그 묘심을 깨달았을 때 즉 묘심을 얻으면 뉘라서 나를 불쌍다고 하리요. 위로는 제불(諸佛)의 친화(親和) 하심과 같고, 아래로는 범부의 운명에 합하니 티끌만치도 움직이지 않고 자성(自性)만 뚜렷하다. 이 육체를 헌옷 벗듯 벗고 간들 뭐 그리 슬프리요."
생사에 초연한 모습에 기가 꺾인 도둑들은 오히려 노승 앞에 무릎을 꿇고 사죄를 청했다.
여기서 우리는 자신의 죽음을 앞두고 스스로 제문을 지은 것을 주목하지 않을 수 없다.
중광도 이승의 삶을 포기하기 위해 스스로 자작제문을 지었다. 그날 밤 그는 술을 마시고 성기에다 붓을 매달고 그림을 그렸다. 차라리 그림이라기보다는 낙서에 가까웠다. 또 한번 자기 자신을 걸레로 희화(戱畵)했다. 내부에 쳐박혀 있는 화려한 본능의 물줄기를 뽑아내고 위선을 만들어 내는 핏방울까지 소진했다. 그리고 자신 속에 남은 헝겊처럼 다 떨어진 남루한 누더기 같은 살덩어리를 갈고 닦아서 소모시켰다.

숫자를 헤아릴 수 없는 그림이 그려졌다. 한 시간 가까이 성기에 매달린 붓은 중광의 움직임을 통해 하나의 형태를 이루었다.
달마는 눈을 제외하고는 완전히 먹물 색으로 가득했다. 비도덕적인 광태(狂態)가 보는 사람으로 하여금 분노를 자아내게 했다.
그는 다시 옷을 입고 소주잔을 입속에 털어 넣고 법당으로 발길을 옮겼다. 싸늘한 정적이 박빙이 깨어지듯 쨍하는 울음을 내는 것 같았다.
눈앞에 가득한 어둠, 그는 이상한 색조를 발견했다. 그것은 먹물 색과 다른 광채를 안고 있는 검정색이었다. 오히려 흰빛이 지니고 있는 빛깔보다 찬란하고 밝았다.
어둠이 진하면 질할수록 그리고 검은 색이 짙으면 짙어질수록 찬란한 빛을 이룬다는 것을 깨달을 수 있었다. 그것은 무명이 없어지고 난 상태의 여래의 밝은 빛과 같았다. 깊은 절망 속으로 한발자국씩 옮기는 일은 존재의 핵심이 가까워진다는 것을 깨달으면서 불을 켰다.
어둠은 전기 불빛에 흡수되어 버렸다. 그러나 어둠 속에서 본 밝은 빛과 차이가 있었다. 그는 발길을 다시 기름통이 있는 곳으로 옮겼다. 체내에 깔려 있는 어둠을 태워 밝음을 보리라. 생각이 그곳까지 이르자 서슴없이 행동에 옮겼다.
기름통을 가지고 법당으로 들어와 장삼을 입은 채 부었다. 그리고 성냥을 그어댈려고 했다. 그때 문을 박차고 나오는 사람이 있었다. 혜련 스님이었다.
"육시랄 놈, 죽기는 왜 죽어."
중광을 불 속에서 끄집어냈다. 잠깐 사이에 이루어진 사건이라 중광은 다친 데가 없었다.

"노스님, 오늘 죽어 나는 다시 태어나야 합니다. 몸속에 있는 더러운 것을 태워야 합니다."

"죽는 것은 간단해. 그러나 스님은 참으로 위대한 그림 한 장은 남기고 죽어야 해."

혜련 스님 눈가에는 맑은 눈물이 맺혔다. 통곡을 속으로 삼키고 있었다. 그리고 그것은 중광에 대한 애정이었다.

1975년 4월 10일의 일이었다. 그는 이날을 자신이 입적한 날이라고 주장한다.

"내 얘기가 거짓으로 가득 찬 세상에 받아들여지지 않아 답답했어요. 이런 세상에 산다는 것이 얼마나 숨막히는 일인지 몰라요. 이 우주에서 뛰어내릴 수만 있다면 뛰어내리고 싶었던 거죠."

노스님의 만류에 못이겨 방안으로 끌려 들어갔다가 다시 그는 법당으로 들어갔다. 촛불을 밝히고 스스로 자작한 제문(祭文)을 읽었다. 자신이 입적하였으니 영가제사를 올린 것이다. 비록 노스님의 제지로 살아있지만 이승에 살아있는 것이 아니라고 생각했다.

나는 가짜 중 땡땡이올시다
마을에서도 못살아 머리 깎고
절에서도 못살아 쫓겨 나고
중도 소도 아닌 中陰神이 된
가짜중 땡땡이올시다
대자대비한 부처님이시여

나는 죄가 많아 파계승
부처님께 가사장삼을 바치고
중광은 사십구제를 올립니다
중광 영가야, 중광 영가야, 중광 영가야
너는 어찌된 물건이기에 이 체제에서
각설이 노름도 제대로 못하고
孤魂이 되었느냐
죽이면 죽, 밥이면 밥, 고기면 고기,
술이면 술, 담배면 담배,
여자면 여자 그대로 일체를 버리지 아니했건만
나는 파계승 나는 파계승
갖지도 않고 버리지도 않았건만
넓은 공간에 창구멍 하나 그만큼 만들어 놓고
따뜻이 비쳐오는 빛을 몸에 받아가며
담장 밑에 앉아
속옷에 있는 이를 잡는다
뚝 뚝 뚝
발에 채이는 돌처럼 밟히는
이십원짜리도 못된
나는 가짜중 땡땡이올시다
중광 영가야!

제문을 잃고 난 그는 목탁을 치며 무상계(無常戒)를 읽었다. 삶과 죽음이 분리되어 고혼(孤魂)만이 앉아 마치 독백을 하는 것 같았다. 자성(自性)이 무중력 세계에 떠 있는 것을 바라보며 자기 죽음을 슬퍼하는 것이다.

그래서 4월이면 중광은 자기 제사를 올린다. 자작한 제문처럼 스스로 자신을 비하하여 가짜중이고 땡땡이라는 모든 속어를 동원하여 중광 영가야! 하고 부른다.

이것은 절규에 가깝다. 번뇌의 뒷골목까지 자신을 몰아붙여 그곳에서 자성을 확인하는 무서운 자기 실험이고 견성실험이다. 그리고 자신이 이승에 머물러 있지 않다고 생각하는 것이다.

육신은 땅에 묻혀 살덩이는 썩어버리고 앙상한 뼈만 남아 있다고 역설적으로 강조한다. 그래서 그는 뼈로 숨을 쉬고 뼈로 말을 하고 뼈로 걸어 다니는 것이다.

진아(眞我)와 가아(假我)가 중광의 남루한 육체 속에서 분해되어 진아는 저승으로 가고 가아만이 이승에 머물고 있음을 그는 강조했다. 살아서 멀쩡하게 돌아다니고, 숨을 쉬고 활동을 하는 자기가 활활 타는 불속에 태워졌다고 믿고 있었다. 이러한 사건은 중광에게 있어 픽션이 아닌 현실이다. 그래서 그런지 그의 행동은 떠도는 바람처럼 자유스럽다.

48년간 온갖 번뇌와 몸을, 썩은 살덩어리를 태워버리고 뼈대만으로 살아간다는 자체가 무애(無碍)를 강조한 것이 아니고 무엇인가. 하나의 개체를 둘러싸고 있는 온갖 속박물을 훨훨 벗어버리고 한 마리 날짐승처럼 우주 공간을 그는 날아다니고 있는 것이다. 현실 속에 살면서 세상을 잃어버리고 세상을 향해 곡을 한다. 그러나 그 울음소리는 깊은 적막에서 흘러나오기 때문에 중광 혼자만이 들을 수 있다.

그래서 중광의 미(美)는 선(善)과 구별되지 않고 진(眞)과 대립되지 않는다. 자성 자체가 진선미를 소중하게 수용하고 있기 때문이다. 또한 그의 미는 선과 진을 일치시킴으로써 여래(如來)의 덕화(德化)를 갖게 한다.

비록 어떤 때 행동이 반사회적일지라도 그 반사회의 현상은 사회가 수용하고 있는 모든 욕망과 허위의 디테일까지도 숙명적으로 망실한 자의 무에 의해서 독립되기 때문에 중광의 행위에 저항감이 일어나지 않는다.

또한 그는 무애의 자유를 조작하지 않는다. 비록 50에 가까운 나이를 먹고 있었으나 역행적으로 유아(幼兒)로 돌아가 있었기 때문에 항상 우리들에게 웃음의 상찬을 제공한다.

여자의 브라자를 차고 대낮에 서울 거리를 활보하고, 다 떨어진 누더기 옷을 걸치고 스스로 거지 행동을 한다. 통행금지 시간에도 자유자재하여 도둑고양이처럼 걸리지 않고 다닌다. 그것뿐이 아니다. 처녀들 앞에서도 물건을 내놓고 오줌을 갈겨 댄다.

"내 방뇨공양 받아라."

처녀들은 혼비백산하여 바람처럼 흩어져버린다.

"헤헤, 공양도 받지 않고 도망가네."

한참동안 자기 물건을 애무하다가 집으로 돌아가 적멸(寂滅) 같은 잠속에 빠져버린다. 이런 중광의 행동은 참으로 오랫동안 계속되었다.

그가 1960년 통도사에서 구하노사에게 출가하여 자기 내면 속에서 달마를 만나고 부터이다. 그래서 그의 얼굴을 자세히 살펴보면 고통의 세계에 머물러 있는 것이 아니라, 그 고통의 세계에서 도둑고양이처럼 빠져 나와 우리들 앞에 달마의 자유와 무애를 재현하고 형상화 한다.

중광은 처음부터 출가적 삶을 안일한 전통적 형식에서 진행한 것이 아니라 중광 자신의 말처럼 고통과 절망 속에서 예술을 시작했음을 엿볼 수 있다.

고통 속에 자기를 던지고 절망의 현실에 갇혀 있는 자기 실상을 구제하여 자기 손으로 몽둥이질을 하고, 자기 내부에 주사기를 쑤셔 박아 추하고 야비한 열망의 세포들을 뽑아내어 자신을 새롭게 구성하고 있다.

重光―그 인간과 예술

루이스 랭카스터(미 버클리대학 동양학 교수)

이 글은 1979년 12월 미국 캘리포니아 랭카스터 밀러출판사에서 펴낸 나의 「THE MAD MONK : 미친 중」에 수록된 랭카스터 교수의 〈중광 그 인간과 예술〉의 전역이다.

열쇠를 가진 사람, 중광과의 만남 ― 중광은 한국의 저명한 화승(畵僧)이다. 불교 승려인 그는 불교계의 점잖은 사람들의 눈에 거슬리는 비정상적인 행동으로 물의를 일으키는 사람이다.
미술가로서의 그를 강력하게 지지하는 사람들과 그를 신랄하게 비난하는 사람들로부터 동시에 주목을 받고 있다. 그렇지만 그의 그림에 대한 이 같은 그들의 견해에 관계없이 불교 미술의 감식가로서의 그의 능력을 의심할 여지는 없다. 그는 또한 민속박물관의 이사직과 위원회에도 관여하고 있으며, 한국 최대 불교 종단인 조계종의 예술 지도직을 맡기도 했다.
내가 처음 중광을 알게 된 것은 그가 통도사 박물관장의 직책으로 '열쇠를 가진 사람'으로서였다. 나는 1976년에 한국의 불교 사찰에서의 생활을 사진으로 수록하고 관찰하기 위해 부산 북쪽의 계곡에 위치하고 있는 통도사를 찾았다. 웅장하게 치솟은 산으로 둘러싸여 있는 늦여름의 익어가는 벼가 물결치는 푸른 들판 재래종 소나무 숲속에 요람처럼 자리 잡고 있는 이 절은 정말 한국 불교의 삼보(三寶) 중의 하나처럼 보였다.

미술에 주의를 기울이는 한국의 사찰은 거의 없지만 통도사는 그 규모가 작음에도 불구하고 박물관을 설립해서 국립박물관에도 진열되지 않은 그런 그림들과 옛스런 물건들을 수집, 진열하고 있었다. 진열품들이 너무 인상적이어서 나는 캘리포니아 대학교의 고문서 도서관에 보존해 둘 양으로 사진을 찍기로 결심했다. 난처하게도 진열품들은 유리상자 안에 넣어져 열쇠로 잠겨 있었다. 가장 훌륭한 사진 기계를 가지고도 유리의 광택과 먼지 때문에 사진을 제대로 촬영할 수 없었다.

승려들에게 진열장을 열어 달라고 부탁하자 그들은 안됐다는 듯이 머리를 내저으면서 중광스님만이 그 열쇠를 가지고 있다고 했다. 여행을 즐겨 하는 그는 기약 없이 어딘가로 가고 없었다.

나는 실망하기는 했지만 이러한 일에 놀라지는 않았다. 아시아에는 방과 건물이 잠겨 있는 경우가 많은데 그 열쇠는 언제나 부재 중인 사람이 가지고 있을 때가 많았다.

몇해 전에 나는 네팔에서 로울링 계곡 깊숙한 산중에 있는 사찰을 2주간이나 걸려 찾아 갔다. 이곳은 티벳과의 국경지대로 세르파들이 사는 곳이었다.

힘겹게 올라가 마을에 도착해 보니 내가 보려고 찾아 온 불교 경전의 필사본들과 목판본들을 볼 수 없다는 것이었다. 이유인즉, 열쇠를 가진 사람이 기약 없이 여행을 떠나 없었기 때문이었다.

그때 나는 모험을 하기로 결심했다. 천막을 치고 기다리기로 했다.

9일만에 그 방랑 승려가 돌아왔다. 그러나 불행하게도 이번에는 한국에서 체류할 시간이 한정되어 있었기 때문에 더 이상 기다릴 수가 없었다.

우리는 우선 유리상자에 들어있지 않은 몇몇 진열품들을 촬영하고 다음 해에 다시 와서 천막을 치는 한이 있더라도 이 사업을 완성하기로 결심하고 떠났다.

불교 전통이 남아 있는 몇몇 사찰을 보고 싶다는 소망 때문에 나는 수차에 걸쳐 한국을 방문하게 되었다. 나는 그 당시에 이 전통이 사라져 가고 있음을 느낄 수 있었다.

도서관에서 입수할 수 있는 자료들을 조사해 본 결과 한국 방문은 과거 잔재만을 들쳐 낼 뿐일 것으로 생각되었다. 그러나 나의 한국 여행은 한국 불교에 대해서 지레짐작한 결론을 불식해 버렸다. 필자는 동아시아 불교의 옛날 영화를 구현하는 생기 있고 성장하는 움직임을 보았다. 수천 명의 비구와 비구니 승려들이 아직도 옛날 격식에 따라 오랜 기간 동안 참선(參禪)을 하고 독신과 가난과 금주(禁酒)의 계(戒)를 지키며 살고 있었다.

나는 그들 자신의 내면적인 세계로 은퇴해 버린 것 같이 보이는 이들 사찰에 안주하는 승려들의 평정의 감정을 받았다. 그들과의 지속적인 접촉을 통해서 나의 관심과 존경은 더욱 커졌다.

나는 한국의 첫 방문을 마치고 돌아가며 비난도 많이 받고, 또 불안한 이 나라의 불교 역사와 문헌을 보다 알리는 일에 최선을 다하기로 결심했다. 몇해 동안 나는 계속 한국을 방문했고, 또 팔만대장경의 목록을 출판하리라는 목표를 지켜 왔다.

1976년 한국을 방문한 뒤에 나는 캘리포니아 대학교의 탐사 계획에 의해 재정적인 원조를 얻어 사찰 유적지의 사진을 찍고 연구하기 위하여 다시 한국에 올 수 있었다.

나의 계획 가운데에는 통도사 박물관의 '열쇠를 가진 사람'을 찾는 일도 끼어 있었다. 이리하여 1977년 가을에 사찰 어귀의 작은 여관에 머물면서 '열쇠를 가진 사람'이 돌아오기를 기다렸다.

승려들이 절을 비우는데 한정된 기간 즉 9일 뒤에 그가 돌아왔다는 전갈을 받을 수 있었다. 걸음을 재촉하여 절에 올라가 보니 모든 승려들이 한데 모여 부산하게 움직이고 있었다.

내가 도착하자 그들은 흩어졌다. 그때 나는 처음으로 중광의 방을 들여다보았다. 문을 통해서 본 그의 방은 틀에 끼워 놓은 혼돈 바로 그것이었다. 고서와 필사본들이 벽에 기대 쌓여 있었고, 책 위에 올려놓은 육중하고 맵시 없는 물건들이 무게를 못이여 튕겨 나온 책들도 있었다.

산더미 같이 쌓인 그림들, 두루마리 그림들, 화선지 더미, 틀에 낀 그림들, 상상할 수 없는 온갖 종류의 미술적인 잡동사니 미술품들로 방은 마치 밀폐되었던 보물창고가 노략질 당한 것 같았다.

어둠침침한 큰 방속에 상당히 큰 상이 하나 놓여 있었고, 그 위에 상을 찌그러뜨릴 정도로 종이가 쌓여 있었다. 이러한 혼돈과는 동떨어져서 한구석의 방석 위에 앉아 있는 사람이 바로 내가 오래전부터 찾던 열쇠를 가진 사람이었다.

그가 거처하는 방은 보통은 청결하고 가재도구가 거의 없는 다른 승려의 방과 대단히 상이했기 때문에 놀랐는데 중광의 옷차림이 또한 나를 놀라게 했다. 그의 구겨진 승복은 페인트로 얼룩져 있었다. 그는 미소를 지으며 나에게 자리를 권하고 차를 시켰다.
한국에서는 대부분의 사람들이 차를 규칙적으로 마시지 않기 때문에 그것은 놀라운 일이었다. 그 대신 그들은 숭늉을 마시거나 보리차를 마신다. 차를 다리는 일은 하나의 예술로 불교 승려들의 전통적, 습관적으로 오랜 세월 동안에 걸쳐 보존해 온 정서생활의 하나이다.

중광은 찻잔을 꺼내고 물을 끓이기 위해서 어디에 가나 있는 전기 커피 포트를 꺼냈다. 그는 방바닥에 쌓여 있고 매달려 있고 널려 있는 여러 가지 잡동사니들을 보여 주기 시작했다.

작품을 하나 하나 보는 가운데 나의 흥분도 그 도를 더해 갔다. 이 방에 묻혀 있던 보물들 — 옛날 민화들, 십이지상 그림들, 목판 탁본들, 책들과 필사본들 — 을 보고 나의 마음은 어질어질했다. 흥분한 나는 넘어져서 전기 커피포트를 걷어찼다. 순간 옛날의 아름다운 미술품으로 가득찬 방이 수라장이 됐다.

커피포트가 넘어져서 끓는 물이 나의 발에 쏟아져서 방안에 쌓여 있는 종이로 번질 지경이었다. 걸레를 던져 물을 번지지 못하게 하는 한편 나는 체면을 지키려는 노력에도 아랑곳없이 아픔을 참지 못해 방안을 깡충깡충 뛰었다. 이렇게 해서 우리의 우정은 시작되었다.

그림들 가운데 나는 스케치가 뛰어나고 수법은 원시적이지만 대담하고 힘찬 그림을 한 장 발견했다. 나는 이 그림을 중광에게 내보이며 필치의 효과를 칭찬했다. 그는 이상하다는 눈초리로 나를 보며 물었다.

"왜 이 그림을 좋아하죠?"

"선화(禪畵)란 반드시 이래야 되는데 이런 경지는 대단히 드물죠."
내가 대답했다. 선화를 많이 보기는 했지만 붓과 먹을 사용하는 미술가들이 단숨에 그린 스켓치가 너무나 딱딱하고 자아의식적이고 직관적인 표현일 때가 대부분이다. 그러나 이 묵화는 그처럼 솔직하고 자아의식이 떨어진 무심필이었기 때문에 나는 순간적으로 이 그림에 감응했다.
잠깐 쉬었다가 그는 웃으며 말했다.
"이게 바로 내 그림이야!"
그 순간부터 우리의 관계는 변했다. 나는 시험에 합격했으며, 그는 그의 작품과 문제들을 나와 같이 의논함에 따라 우리 둘 사이에는 장벽이 무너졌다.
그는 다른 승려들이 그의 작품이 신성한 불교 회화의 정전(正典)과 일치하지 않는다는 이유로 거부하기 때문에 실망하고 있다고 말했다.
소수의 동료 승려들과 박물관 관계자들, 그리고 미술품 수집가들이 그의 작품 활동을 지원하고는 있으나 중광은 팔려는 생각은 전혀 하지 않고 그의 작품 세계만을 추구하고 있었다.
그는 그의 친구 몇 사람에게 그림을 주었을 뿐 대부분의 작품은 사찰이나 암자의 다락과 서랍에 버려져 있었다. 대단히 익살스러우면서도 의식적으로 그렇게 하려는 의도가 전혀 없는 그의 동물 그림 한 장을 보고 나는,
"당신은 동양의 피카소요."
라고 말했다. 이 말에 중광이 쏘아 붙였다.

"내가 낫지. 그의 그림은 생각과 기교로 차 있지만 내 그림엔 그런 것이 전혀 없는 무심선필(無心禪筆)이지."
우리는 통도사 그의 방안에 흩어져 있는 그림을 몇 시간이고 앉아서 보았다. 그 곳에서 우리는 그의 화집을 출판할 계획을 세웠다. 전국 여러 곳에 흩어져 있는 그의 걸작품들을 한데 모아서 서울의 사진작가에게 보내기로 했다. 이 일을 위한 여행을 시작하기 위하여 우리는 일주일 뒤에 내가 묶고 있는 호텔의 로비에서 다시 만나기로 약속했다.
결과적으로 대단히 번거로운 여행이었다. 버스, 기차, 비행기, 택시와 긴 등산 여행으로 여러 곳을 찾아다녔다. 2주일 이상이나 우리는 전국을 누비며 다녔다. 이 여행 기간 동안에 우리는 서로를 더 잘 알게 되었다.
내가 중광을 처음 보았을 때 나는 그가 보통 승려들 보다 다른 진정한 예술가라는 사실을 육감적으로 알았을 뿐만 아니라 또한 그가 정도를 벗어난 방식으로 행동하는 사람임을 알았다.
어느 날 그가 위스키를 병째 들이키고 있을 때 나는 그의 태도에 대하여 농담을 했다. 그는 '무애행위(無碍行爲)'를 실천하고 있기 때문에 승려생활을 지배하는 엄격한 규칙에 얽매이지 않는다고 대답했다.
한국 불교사에는 득도한 뒤에 제약적인 사회의 규범에서 벗어나 자기 마음속의 질서에 따라 살았던 비구와 비구니 승려들이 있는 것으로 알고 있다. 이들 승려들은 때로는 부도덕하다는 딱지가 붙을 정도로 자유분방한 행위는 물론 기이한 행위를 할 때가 많다. 이러한 승려들에 관한 책을 읽은 일이 있지만(예를 들면 원효대사도 이런 범주에 속한다) 그러한 생활 방식을 오늘날까지도 실천하고 있는 사람을 만나기는 중광이 처음이었다.
나는 무절제하고 방종한 그의 행동에 대해서 열심히 질문도 하고, 또 옳지 않다고 대들기도 했다. 나는 그의 이야기를 그가 말한대로 노트에 기록을 했다.

— 내가 처음 절에 있을 때는 참선을 제일 열심히 했다. 참선을 어찌나 열심히 했던지 오랫동안 꿇어 앉아서 발에 못이 배겼다. 언젠가는 2, 3년 동안 옷을 갈아입지 않고 지냈다. 비가 오나 눈이 오나 맑고 청명한 날에도 한결같이 나는 그 같은 옷을 입고 외출했다. 그때에는 비가 내 목욕을 시켜 준 셈이다. 마침내 참선하는 것과 참선을 하지 않는 것 사이의 상이점이 없어져 버린 날이 왔다. 하나의 행위, 한 마디의 말이 모두 참선이었다. 그때부터 나는 '무애행위'를 실천했다. 잠을 잘 때도 있지만 잠을 자지 않을 때도 있었다. 배가 고프면 밥을 먹지만 며칠 동안 밥을 먹지 않을 때도 있었다.
어떤 때는 물만 마시지만 또 어떤 때는 막걸리나 위스키만을 마신다. 나와 교제한 많은 여자 가운데 한 여자는 꼽추였는데 나 밖에는 그 여자를 원하는 사람이 없었다. 허나 나에게는 그 여자가 대단히 아름다운 여자로 보였다. 내가 그 여인을 사랑했기 때문에 그녀는 더욱 행복한 여인이 되었다. 나는 내 행위로 인하여 아무에게도 피해를 주지 않는다.
나는 불교계의 걸레다. 걸레는 모든 것을 깨끗하게 만들지만 그 자체는 더욱 더러워진다. 나는 이렇게 살 도리밖에 없다. 세상에는 분별이 없고, 옳고 그른 것도 마음의 투시에 불과하다는 불교의 교리를 생활로 실천한다. '무애행위'를 생활화 함으로써 나는 불교의 가르침을 간직한다. 사람들에게 그들의 습관과 모범을 일깨워 주는 나와 같은 사람이 몇 명은 언제나 있어야 한다고 생각한다.

주의 깊게 듣고 있던 젊은 승려가 물었다.
"나도 스님처럼 행동해도 되겠습니까?"
"안돼지, 안돼. 그런 일을 물어 볼 필요가 있다면 참선을 더 해야 하고 또 예외 없이 모든 규칙을 지켜야 돼! 겨울눈이 더운 여름 저녁과 같고, 비가 햇볕과 같게 느껴질 때에만 그런 행동을 생각할 수 있는 거야. 이러한 방식으로 행동할 준비가 되어 있지 않은 사람에게는 이것이 체력을 고갈시켜서 몇 주일 내에 시들어져 병에 걸리고 말거야. 나는 몇 해 동안 무애행위를 실천하고 있는데 언제나 마음이 차분하거든. 만약에 내가 허세를 부렸다면 내가 벌써 오래 전에 죽었을 거야."
중광의 말이 불교의 경전과 무애행위를 실천했던 많은 한국 사람들의 말을 반영하고는 있지만 그래도 나는 그의 설명을 받아들이기가 어려웠다. 나의 이지적 관찰은 나로 하여금 이처럼 비정통적인 생활 방식을 가진 승려와 여행을 하기에는 나의 훈련이 부족함을 느끼게 했다. 그러나 나는 그러한 경험이 얼마나 압도적인 것인가를 발견하게 되었다.
우리가 처음 찾아간 곳은 한국 내륙의 가야산에 있는 해인사였다. 그곳에서 우리는 승려들과 이야기를 나누며, 또한 그 절에 소장되어 있는 미술품들을 조사하면서 2, 3일간 머무를 계획이었다.

그날 밤은 유난히도 하늘이 맑고 바로 쳐다볼 수 없을 정도로 달이 너무나 밝은 오싹한 가을밤이었다. 승려들이 잠자리에 드는 밤 9시에 나도 내 방에 들어갔다. 중광은 마루에 앉아 있었다. 조금 뒤에 내가 잠이 들려고 할 때 그는 노래를 불렀다.

이불 속에서 기어 나와 창문을 열었다. 그는 달빛 속에서 홀로 밤과 하늘에 장단을 맞추어 춤을 추고 있었다.

동이 트기 전에 어둠속에서 중광은 나를 흔들어 깨웠다.

"비구니를 보러 갑시다."

라고. 정신을 차리고 손목시계를 들여다보니 새벽 3시가 좀 지났다.

"중광! 너무 일러요. 비구니들이 아직 일어나지도 않았을 텐데."

라고 내가 말했다.

"아니 다들 일어났을 거야. 우리도 조반을 먹어야지."

나는 구겨진 옷을 주워 입고 어둠속을 헤치고 걸어갔다. 길은 좁고 산등성이를 굽이굽이 감아 돌았다.

우리의 희미한 전등불이 길만 겨우 밝혀줄 뿐 작은 개울은 밝히지도 못했다. 중광은 서슴치 않고 건너가는 작은 개울들을 나는 아무리 조심해도 빠지곤 했다.

우리가 비구니들의 처소에 당도해 보니 사방이 고요하여 모두들 아직도 자고 있는 것 같았다. 중광은 잠들어 있는 것도 아랑곳없이 문을 두드리며 소리쳤다.

"여보쇼! 어디들 있어요? 손님이 왔는데 아직도 참선하는 중인가?"

중광의 목소리가 찢어버린 고요 뒤에 옷을 입는 소리와 문이 열리는 소리가 나더니 마침내 불빛이 대문에 와 닿았다. 비구니 한 명이 조용히 문을 열고 들어오라고 말했다.

중광이 시장하다고 말하자 우리를 작은 방으로 안내했다. 비구니들이 우리를 즐겁게 맞아주자 이런 시간에 찾아온 것이 미안하기 짝이 없었다.

얼마를 기다리자 음식이 들어왔다. 과일, 따뜻한 우유, 그리고 마침내 밥과 미역국과 도토리묵과 나물과 김치가 들어왔다.

해가 떠오르자 우리는 방문을 열고 숭늉을 마시며 먼 계곡과 산을 바라다보았다. 이 한적한 곳에서 우리들이 비구니들에게서 받은 환대를 나는 결코 잊을 수가 없었다.

그날 오후에 이른 아침의 여행으로 아직도 졸리운 나는 사랑방 앞의 계단에 조용히 앉아 있었다. 헌데 중광이 허겁지겁 마당으로 달려오며,

"이곳에 진력이 났어. 부산으로 갑시다."

라고 말했다.

"중광스님! 벌써 오후 5시인데 버스로 부산까지 가자면 4, 5시간이 걸릴 텐데 내일 갑시다."

라고 말하자 중광은 작은 회색자루(이것이 그의 짐의 전부였다)를 걸머지고 빠른 걸음으로 버스 정거장 쪽으로 걸어 내려갔다. 나는 재빨리 방으로 들어가서 옷과 카메라, 책, 필름과 여행용 가방을 들고 그의 뒤를 따라 내려갔다.

모든 짐을 작은 수레 위에 매달았기 때문에 험한 길을 따라 중광을 쫓아가자니 숨이 가빴다.

술과 춤 그리고 그림

우리 일행(중광과 나 내 조수인 우씨, 미국스님 혜명과 사진작가 빌호커)은 부산으로 출발했다. 우리는 그날 밤 늦게 출판사를 하는 중광의 친구 집에 도착했다.
집안은 벌써 잠을 잘 준비를 하고 있었다. 우리의 도착이 집안 전체를 다 뒤집어 놓았다. 사무실과 살림집이 동일한 건물 내에 있었다.
중광의 왕래에 익숙해진 주인은 음식과 침구와 다과를 차려 왔다. 주인이 중광에게 말했다.
"내가 스님에게 이렇게 대접을 해도 내게 그림 한 장 그려 주지 않았습니다. 오늘 저녁엔 꼭 한 장 그려 주십시오."
"좋소. 재료들을 모두 챙겨 오세요. 새 붓 몇 자루, 종이, 술, 담배, 오징어, 라디오, 그리고 먹을 갈아 줄 사람."
집안 남자 아이들을 가게로 서둘러 보내서 재료들을 사오게 했다. 밥상을 치우자마자 중광을 위한 무대가 마련되었다. 우리는 그를 마주보고 반원형으로 둘러앉았다.
그는 종이를 뒤적거리고 먹을 시험해 보고나서 먹을 혀에 대어 본 다음 모든 것이 다 잘되었다고 말했다. 그런 후 그는 술병 마개를 열고 미국 록 음악의 한국판인 라디오 음에 맞추어 춤을 추기 시작했다. 그는 방안을 빙빙 돌며 전통적인 무당춤 흉내를 내면서 술을 마시고 또 오징어를 씹었다.
춤의 템포가 빨라짐에 따라 그는 그의 발길에 걸리는 물건들을 발로 걷어차며 점점 더 흥겹게 춤을 추었다. 그는 갑자기 옷을 벗어

부치고 손에 붓을 잡고 우리가 앉아 있는 쪽으로 향했다.
그는 날렵하게 허리를 굽혀 단숨에 선종불교(禪宗佛敎)의 대성(大聖)인 보리달마상을 그렸다. 그의 동작은 그가 춤을 출 때의 취중의 멋부리는 행동과는 대조적으로 극도로 차분했다.
몇 분 사이에 그는 술을 마시며 담배를 피우며 춤을 추며 음식을 먹으며, 또 웃어가면서 6장의 그림을 그려 냈다.
그는 벗어버린 옷을 다시 주워 입고 조용히 자리에 앉았다.
"내가 그린 그림들을 좀 봅시다."
이렇게 말하는 그의 음성은 희미하고 거의 지쳐 있는 것 같았다. 그는 그림을 한 장 한 장 감상하며 때로는 자기의 필법에 감탄하기도 했다. 그는 제일 나중에 그린 그림을 빼내어 꾸겨버리고 나서 영어로 '노 굳'이라고 말했다.
낮 동안의 활동과 그림 그리는 일로 지쳐서 우리는 모두 잠자리에 들었으나 중광은 잠을 잘 수가 없는지 또는 잠을 잘 필요가 없던지 집을 나가 거리를 방황했다.
중광과의 여행이 계속됨에 따라 나는 서서히 미리 결정한 스케줄을 결코 따르지 않는 것을 배웠다. 여행 예정표를 만들 필요가 없었다. 해야 할 일들을 적은 날짜와 명단으로 가득한 내 노트를 짐 속에 넣어버렸다.
나는 모든 것을 하나의 모험으로 즐기기 시작했다. 어느 날 우리는 그의 작품을 소장하고 있는 절로 가는 버스를 타기 위해 정거장으로 갔다.
중광은 잠시 동안 서서 버스 시간표를 살펴보더니 우리 버스가 30분 뒤에 들어올 예정임을 알고 어깨를 으쓱해 보이더니 반대 방향으로 가는 버스에 올라탔다. 나는 한마디도 않고 그의 옆자리에 앉았다. 몇 개 마을을 지났을 때 중광이 말했다.
"참 좋은 곳에 왔구나. 여기에 훌륭한 식당이 하나 있으니 밥을 먹읍시다."
그래서 우리는 앉아 음식을 먹었는데 중광은 그를 잘 아는 식당 여인과 농짓거리를 했다. 그렇다고 나의 행동과 생각을 지배해 온 여러 겹의 조건을 완전히 벗어버리는데 성공했다는 말은 아니다. 우리가 여행을 하는 동안 매일 매일 나는 마음의 상태가 도를 깨달은 행위를 하기에 얼마나 부족한지를 알게 되었다.
중광은 대화가 인습적인 대화의 노선을 따르게 용납하지 않았다. 그는 '달마화술(達磨話術)'을 이용하여 우리의 상호교감을 선(禪)의 공안(公案)에 용해시킨다. 이러한 상호교감을 통해서 스승은 그의 제자를 제약하는 이성의 메카니즘(기계적)을 내팽개치게 만들려고 노력했다.
내가 감각의 세계에서 얻은 지식을 늘어놓으려고 하는 낌새를 챈 중광은 다음과 같은 대화로 질문을 하고 또 파고들었다.
"오늘은 날씨가 따뜻하군요."
내가 무심하게 말했다.
"무엇이 따뜻하고 또 무엇이 따뜻하지 않은지 내게 보여 주시오."
그가 반문했다. 나는 당황했다.
"날씨."
"어디에?"
"모든 곳에…"
"그럼 일기가 아닌 것이 있나요?"

"그럼, 있지요. 이 차 주전자는 아니지요."
내가 대꾸하자,
"하, 그러니 일기가 모든 곳에 있지 않다는 말이군요."
그가 웃었다. 이러한 대화에서는 내 처가 나보다 잘해 나갔다. 우리 여행이 끝나갈 무렵 어느 날 밤에 우리가 향연을 열고 앉아서 웃으며 이야기하고 있는데 중광이 담배에 새로 불을 붙여서 그녀에게 건네주었다.

그녀는 벌써 담배를 하나 피우고 있었다. 그래서 그는 두번째 담배를 건네주며 흥미로운 듯이 그녀를 쳐다보았다. 그녀는 거리낌 없이 그 담배를 손가락 사이에 끼고 두 개를 동시에 피우기 시작했다. 그는 만족해서 이렇게 말했다.

"이것이 도(道)야. 두 번 생각지 말고 통상적인 방식을 따르지 않는 것 말이야."

그날 저녁에 그는 그녀에게 명랑하게 웃어보였다. 그날 밤에 그는 두 개피의 담배를 피우는 여자의 상으로 보리달마상을 그렸다.

이러한 대화는 반드시 스승과 제자 사이의 대화에만 국한되지는 않았다. 중광이 화가 나서 언쟁하는 중에 나는 그가 '달마화술'에 호소하는 경우를 몇 번 보았다. 중광은 세워놓은 예정표를 따르지 않기 때문에 우리는 승려들이 잠이 든 뒤에 절에 도착할 때가 많았다. 비구와 비구니 승려들이 괴로워하는데 또 모두 맞을까 두려워하는 것에도 중광은 흥미롭게 반응했다.

어느 날 우리는 먼 산꼭대기에 있는 절에 도착했다. 중광은 아무도 없는 마당을 돌며 소리쳤다.

"여보시오!"

아무 대답이 없자, 그는 더 큰소리로 불렀다.
"아무도 없소!"
"문이 삐걱 열리며 중얼거리는 목소리가 들렸다.
"누구시오?"
"나 중광이요. 잠자리가 필요한데. 빨리 서둘러 이 느림보 양반아."
"이 밤중에 찾아와서 무슨 말씀이 그렇소. 다른 데나 가보시오."
그리고는 문을 닫아버렸다.
"나를 내쫓을 것 같소? 여보시오. 여보!"
"사람을 뭘로 보는 거요?"
그 중이 문 밖으로 다시 머리를 내밀고 말했다.
"잠자리가 필요하니 빨리 서둘러요. 이 느림보 양반아."
이렇게 말을 하고는 갑자기 씩 웃으며,
"그렇게 답답하게 놀지 마시오. 일어나는 거나 드러눕는 거나 다 같은 게 아니오."
그 중이 그제야 억지로 웃어 보이며,
"그럼 나는 다시 눕겠소."
라고 말했다. 그러자 중광은 얼굴을 찌푸리며,
"그럼 나는 다시 소리 지르겠소. 여보!"
방안에서는 아무 대답이 없다.
"여보시오. 여보!"
나는 약간 불안한 마음으로 대답을 기다렸다.
"알아들었소."
"이제야 도를 깨달았구먼."

그 중은 중광의 위엄 있는 태도에 굴복했다. 그는 방에서 나와 우리를 정중하게 대접했다.

날이 갈수록 나는 이상한 안도감을 가지고 살았다. 기억들이 서로 엉키고 또 지금까지 일어났던 대부분의 사건들이 모두 하루에 일어난 것 같이 생각되었다.
작은 잡화 상점에서 더운 우유와 빵으로 아침식사를 마치고 문간으로 나가보니 약수물이 가득 찬 우물정자가 있어 그 속에 들어가 방바닥에서 잤기 때문에 생긴 통증을 말끔히 씻어버리고 이발소에 들어가 몇 시간이고 면도를 하고 손톱을 깎고 맛사지를 받으며 호사를 했고, 또 중광이 쉴새없이 찾아오는 친구들과 인사를 나누는 것을 보고 나는 웃었다.

우리의 여행이 끝날 무렵 어느 날 중광은 한국에서 가장 인기 있는 잡지의 신간호를 보았다. 그 머리 제목이 '고기를 먹고 여자를 사랑하는 기이한 중'이라고 적혀 있었다. 표지에는 중광의 사진이 실려 있었고, 기사에는 중광의 생활양식보다 야한 면이 실려 있었다. 많은 여자들과 동침을 하고, 동물들과 성교를 하고 술을 마시고 담배를 피운다는 것 등이었다. 그의 생활이 그러한 타락에 빠진 사실을 보고 실망했다.
"중광, 왜 그런 이야기를 다 털어놨소?"
내가 물었다. 그는 놀란 표정과 약간 실망한 표정으로 나를 보고 대답했다.
"무애행위를 실천하는 사람은 거짓말을 안 해요. 사실을 은폐하지도 않고, 이 기사가 마음에 들어요. 내가 이야기한대로 썼어요."
이 잡지의 인기가 금방 분명해졌다. 우리가 길에서 만난 중은 중광을 보자 잡지를 흔들어 보이며 중광을 꾸짖었다.
"당신은 중이 아니야. 왜 법의를 입고 다녀."
이렇게 말하며 그는 마치 중광의 옷을 벗기기라도 하려는 듯 했다.
"나도 중이요. 아무도 내 법의를 벗기지는 못할 거요."
하고 태연하게 중광이 대답했다. 어디를 가나 사람들은 중광에게 손가락질을 하고 말을 걸며, 그는 조롱하는 군중들 속에 끼어 있었다. 마침내 내가 중광에게 물었다.
"잡지 기사에 언급된 일들을 정말 당신이 다 했소?"
"그럼요. 모든 생물들이 불성(佛性)을 가지고 있는데 왜 분별을 하겠소."
라고 그가 대답했다. 나는 이렇게 알려지는 것이 걱정스러웠으나 중광은 이 소란이 정부의 고위층과 조계종 내부에까지 이르러도 별로 개의치 않았다.
중광은 부끄러움을 느낄 사람이 아니었다. 그리고 이 문제를 처리하는 중광의 의연한 태도가 내가 그와 같이 여행할 때 받은 가장 인상적인 면이었다. 내가 걱정하고 있다는 눈치를 챈 그가 어느 날 나에게 이렇게 말했다.
"내가 그림을 그릴 때 내 붓이 거침없이 움직이지 않으면 안돼요. 바로 잡을 수 있는 잘못이 있을 수 있는 잘못이 없으니까요. 무애 행위가 있는 곳에서만 붓이 힘차게 움직이니까요."
그는 자기 그림 한 장을 꺼내서 위로부터 아래로 내리 그은 힘찬 선(線)을 가리키며,

"이 선을 봐요. 이것이 바로 도를 깨달은 선이예요. 세상에는 이런 선이 이것 하나 밖에는 없습니다. 이런 선을 다시 그릴 수는 없습니다. 이런 선을 그을 수 있다고 생각하면 절대로 성공하지 못합니다. 선을 긋는 행동에 제약이 있으면 이런 선이 나오지 않습니다."

이러한 사건들을 통해서 나의 온순한 태도의 교수로서의 생활관이 끊임없이 시험을 받았다.

중광은 불교 전통의 최고의 가르침을 깊이 깨닫고 말하는 사람이다. 그는 불교를 배신한 승려가 아니라 오히려 잘 훈련된 참선을 하는 사람으로 높은 깨달음의 경지에 도달해서 그것이 나의 조심스럽게 통제된 생활관에 반대하는 자유를 그에게 주었다.

나는 중광과의 접촉의 결과로 나의 마음속에 심각한 변화가 일어나고 있음을 알았다. 그리고 나는 나 자신의 합리적인 절차에 점점 자신이 없어졌다.

어느 날 여느 때와 마찬가지로 우리는 밤늦게 지금은 내 기억 속에 그 이름도 사라진 작은 마을에 도착했다. 거리는 어두웠고 작은 여관의 간판에서 새어나오는 한가닥 불빛이 있을 뿐이었다.

"이 여관이 마음에 드실 거예요. 내 제자 한 사람이 경영하고 있어요."

그가 말했다. 작은 응접실은 별로 사용되는 것 같이 보이지 않았으나 뒤쪽 방에선 웃음소리와 음악이 들려 왔다. 실내를 알고 있는 중광이 나를 안내해서 큰 방에 들어가 보니 한복을 정성들여 입은 여자들 10여명이 술을 마시며 이야기하는 남자 손님들을 접대하고 있었다.
"누가 중광의 제자요?"
라고 내가 약간 당황해서 물으며 그의 뒤를 따라 복도를 걸어갔다. 마침내 그가 방문을 열어젖히고 큰소리로 인사를 했다. 나이든 얌전한 한 여인이 깜짝 놀라 일어섰다. 그녀는 아직도 젊은 시절의 아름다움을 지니고 있었다. 다른 많은 사람들이 그랬듯이 그녀도 그를 만나 반가운 것 같아 보였다.

우리는 곧 값진 서양 가구들이 가득한 방에 자리를 잡고 앉았다. 이윽고 그녀는 중광 덕분에 불교로 개종한 이야기를 시작했다. 이야기를 하면서도 염주를 세었다.

그녀는 불교 교리에 관한 질문이 많았고, 내가 교수인 것을 이용해서 대단히 이지적이고 깊이 있는 질문을 던졌다.

얼마 뒤에 우리 두 사람만이 지성적인 대화를 내버려 두고 중광은 여관방을 전전하며 친구들을 만나고 이따금씩 그가 여급들과 실랑이를 벌이며 웃음을 터뜨렸다.

동이 틀 무렵에 우리는 식사를 하고 나서 중광은 나를 데리고 버스 정류장으로 갔다. 그 다음날 우리는 서울행 기차를 탔다. 차 안은 퇴근하는 사람들로 만원이었고, 차내의 공기는 덥고 답답했다. 승객들은 하루의 일로 피곤해서 조용하고 무표정했다.

중광은 통로 사이를 왔다갔다 하며 사람들에게 이야기도 걸어보고 웃기기도 하며 또 처녀들에게 그들의 아름다움을 노골적으로 칭찬해서 얼굴을 파묻고 웃게 만들기도 했다.

그가 나에게 돌아오자 나는 내 자리를 그에게 내어주려 했으나 그는 나를 눌러 앉히고 자신은 통로에 덥석 주저앉았다. 참선하는 자세를 취하면서 그는 퇴근하는 사람들에게 둘러싸인 채 잠이 들었다.

통로 바닥에 홀로 앉아 있는 그는 허약해 보였다. 나는 그를 바라다보며 마치 그를 일어서서 보호라도 하듯이 그가 자고 있는 모습을 조용히 지켜보았다.

2주일에 걸친 벅찬 여행 끝에 나는 내 비행기 표가 지정된 날에 출발해야 했기 때문에 이별의 시간이 왔음을 그에게 말하지 않을 수 없었다.

나는 내 스케줄의 중요성을 증명이라도 하려는 듯이 내 비행기 표를 흔들어 보였다. 나의 옛날 습성이 다시 고개를 들고 나왔다. 그는 중부지방에 있는 절에 중요한 그림들이 있는데 그것을 꼭 보아야 한다고 말했다. 나는 다시 비행기 표를 내보이며 이번에는 그것을 볼 수 없다고 말했다. 중광은 이상하다는 듯이 머리를 흔들었다.

나는 내 손에 매달려 있는 비행기 표를 쳐다보았다. 우리들의 주어진 여정에 대단히 얄팍한 장벽이 내려앉았다. 나는 예정대로 한국을 떠났지만 나에 대한 중광의 영향은 계속 남아 있다.

그의 도움으로 그의 화집에 실을 글을 쓰고 있는 지금까지도 그의 정신이 내 주위를 맴도는 것 같다. 그리고 나는 우리가 함께 했던 여행을 언제나 즐겁게 회상한다.

중광이 걷는 길은 우리들 대부분이 따를 수 없는 길이다. 중광의 생활 방식은 잠을 자지 않는 긴 밤과 항상 부족한 식사와 긴 여행과 힘 드는 등산과 한국 도시들의 보도 위를 끊임없이 방황하는 것을 요구한다.

그에 대한 외국 학자로서의 나의 영향도 과일 가게 주인보다 더 클 것이 없다. 그의 행동에 대한 나의 질문 공세에도 불구하고 우리가 같이 여행하는 동안 중광은 한 번도 무애행위라는 그의 교리에서 한 발자국도 물러선 일이 없었다.

한 순간 한 순간이 나에게는 놀라움이었고 그의 생소한 생활양식 속에 새로운 의식이 나를 삼켜버렸다. 한정된 기간 동안 나는 교수로서의 면모를 버리고 이 '미친 중'이 나를 새로운 길로 인도하도록 맡겨 버렸었다.

중광은 무애행위의 길을 이렇게 설명했다.

"무애행위를 실천하던 사람이 죽는다면 그 사람은 숭배를 받지만 살아있는 동안은 곤란을 겪게 마련이오."

중광과 같은 사람들은 옛날 도교의 성인들과 불교 승려들 사이에서 그리고 기인들과 모든 문화에서 멸시를 당하기가 일쑤인 무당들 사이에서나 찾아 볼 수 있다. 그러나 한국 불교도들처럼 쉽게 이러한 기인을 받아들일 수 있는 사회나 종교적인 인습은 흔치 않다.

나는 이 비범한 사람 앞에서 삶의 경험을 함께 하려고 시도했었다. 그의 그림들 또한 그의 생활방식의 표현이었다. 그래서 중광의 그림들은 그가 실생활에서 보여 주는 생생한 힘으로 충만하다.

중광의 그림들은 우상 타파적이며 개인이나 성스러운 물건들을 놀림감으로 만든다. 그래서 그의 그림은 언제나 보는 사람에게 도전해 온다. 모두가 몇 초 사이에 완성한 그의 그림들은 붓을 가지고 무애행위를 예시한 것이다. 이 그림들은 거침없이 생각없이 그린 것들이다(無心等).

중광의 그림은 한국 사람들과 마찬가지로 서양 사람들의 주목을 받아 마땅하다고 믿는다. 왜냐하면 그것은 우리에게 회화의 외부적 한계를 보여주기 때문이다. 즉, 하나의 획이 경험의 전체이며, 또 예술가의 정신을 담고 있다는 점을 보여주기 때문이다.

나는 이 그림들을 볼 때마다 그가 자신의 그림을 칭찬하며 주먹을 쥐고 엄지 손가락을 위로 치켜 올리며, 영어로 '베리 굿'하며 웃는 그의 얼굴이 떠오른다.

(번역: 백승길 유네스코문화부장)

(1권 end)

중광스님 약력

속명: 고창률
1935년 1월 4일 제주도 출생
1960년 경남 양산 통도사 구하스님 제자가 됨
1964년 心仙 盧壽鉉화백 師事
1973년 중앙불교 고승전 출품
1977년 대한불교조계종 중앙종회의원 역임
1977년 영국 왕립 아시아학회(R.O.S) 초대 禪畵禪詩 발표
1979년 중광 화집 「THE MAD MONK」발간 (미국 California Lancaster Miller社
1980년 空超 吳相淳 靑銅脈詩 발표, 제자가 됨
1980년 Berkeley대학, San Francisco Zen Center, Los Angeles Zen Center, Berkeley Zen Center, Stanford대학 선화선시 강의
1981년 서울 San Francisco 자매위원회 초대 개인전
1981년 San Francisco 동양박물관그룹 초대전 출품,
1981년 Calofornia 畵商 Jeff Novick과 10년간 선화선시 발표계약(미국 및 유럽)
1981년 미국 및 영국, 이태리, 프랑스, 서독, 일본, 인도, 이스라엘, 이집트 현대미술 및 고미술 2년간 견학
1981년 서울 미화랑 중광 작품전
1982년 「걸레 重光」전기 출간
1983년 하와이 동서문화센터 국제영화제 초대전 및 하와이대학

초대전

1983년 New York Asia society gallery (록펠러재단) 초대전(40일간) 작품 2점 소장됨
1983년 중광 제2화집 「THE DIRTY MOP」(캘리포니어 아시아 휴매니스 프레스) 출간
1984년 서울 미화랑 초대전
1985년 「허튼소리」(서음출판사) 출간 즉시 판매금지 당함
1985년 경인미술관 작품전
1986년 영화 〈허튼소리〉 김수용 감독에 의해 영화화. 불교계에서 영화상영금지 요청 파문
1987년 연극 〈허튼소리〉 이상화 각본, 이용우 연출
1988년 「땡초 중광조사 예하」 출간
1989년 최우수 예술인상 수상(한국평론가협회)
1990년 영화 〈청송으로 가는길〉에 출연. 대종상 남우주연상 후보
1990년 시화집 「유치찬란」(삼성출판사) 출간
1990년 시화집 「도적놈 셋이서」 천상병, 이외수 공저 출간
1990년 시화집 「괜찮다, 다 괜찮다」 천상병 공저 출간
1991년 일본 NHK 및 영국 SKY채널에서 중광 예술세계 방영
1991년 시, 수필집 「나는 똥이올시다」 출간
1992년 LA ART FAIR 초대작가
1995년 광주 비엔날레 초대작가
2000년 가나아트센터에서 달마전시회
2002년 3월 9일 경기도 곤지암 토굴에서 세상을 떠남. (67세, 법랍 41세)

본서 발간에 참여해 주신 분들

Lewis R. Lancaster — 불교학자/캘리포니아 버클리대 교수
白承吉 — 유네스코 한국(위) 문화부장/서울문리대 영문과 졸
　　　　1969년 소련 I.C.O.M회의에 한국 대표로 참석
陸明心 — 시인/사진작가/홍대·중앙대·서울예전 교수
Mr. Tom Harr — 뉴욕 시진작가/ 교수
金榮泰 — 시인/화가/홍익대 서양학과 졸
金炯國 — 서울올림픽 조직위원회 지정 사진작가
趙永姬 — 서양화가/서울대 대학원 회화과 졸
　　　　한국여류화가협회 회원
金泰善 — 사진 및 비디오작가/서울대 공대 건축과 졸
　　　　New york New school For Social Research에서 MEDIA
　　　　STUDIES PROGRAM졸
申恩珠 — 광운공대 전자과 졸/ 서울예전 재학중
安次準 — 사진작가/ 불교신문 사진부장/불교회보 사진부장
聾 牛 — 서양화가/이화여대 회화과 졸
　　　　New york PRATT INSTITUTE 회화전공
김대수 — 사진작가/홍익대 졸
　　　　New york PARSONS of DESIGN school대학 사진과 졸

허튼소리 1

초 판 | 1985년 6월 25일
개정판 | 2012년 1월 30일

지은이 | 重 光
기획 · 편집 | 이광희
발행인 | 이관희
발행처 | 서음미디어
등 록 | 제7-0851호
주 소 | 서울시 동대문구 신설동 94-60

표지일러스트 | Juya기획
편집 | 은종기획

Tel | 02) 2253-5292
Fax | 02) 2253-5295

www.seoeumbook.com

ISBN 978-89-91896-94-9(세트)
ISBN 978-89-91896-95-6

이 책은 저작권법에 의해 보호를 받으므로
무단복제, 전제를 금합니다.
□ seoeum